改訂新版

「日本国憲法」なのだ！

赤塚不二夫・永井憲一

草土文化

はじめに

永井憲一

この本のなかの対談で、マンガ『天才バカボン』の作者・赤塚不二夫さんが「ぼくは中国に生まれて、戦後、おふくろの手を必死で握って命からがら満州から引き揚げてきた……、あのとき手を離していたら、ぼくも〝中国残留孤児〟だったよ」と話してくれました。

戦争の傷あとは、まだ、あちこちに残っています。まだまだ〝戦後〟は終わっていないのです。本当に戦争は、多くの国民に悲惨な、さまざまな犠牲を強いるものです。なのに、また最近では、中曽根首相の〝不沈空母〟発言などにみられるように、このまま黙っていると再び戦争への道に引きずられていってしまうような危険を、ひしひしと感じさせられるようになりました。

しかし、いまの日本の憲法（日本国憲法）は、実は「もう二度と戦争はしない。そのために、あらゆる軍隊は持たないことにする」と宣言したものであったはずです。そして、この憲法は、いまもなお生きているはずです。

そうだとすれば、これからの日本が、このまま再び戦争への道に引きずられていくのか、それとも、いまの憲法が宣言したような平和への道を歩む方向に国民の世論の力によって引きもどすことができるか、いまは、とても重大な時期なのです。

こうした時期に、みなさんは、ぜひ自分自身の問題として、また、子どもたちの未来への責任として、もう一度、いまの憲法を読み直してみてください。

（一九八三年　四月）

◆もくじ◆

マンガ
日本国
憲法
永井憲一・文　赤塚不二夫・マンガ

一九四五年八月、「太平洋戦争」に、
日本は敗《やぶ》れました

まいったコウサンだよーん
もうダメざんす戦争のない日本がいいざんす……
ピカドン
戦争ばかりしてきたからこうなったのネ

みじめな敗戦後、日本人は、もう二度と戦争はしたくないと考えました

ボク
ハト派
日本はアメリカの兵器をどんどん買って世界の安全守りなさい
プラモなら買うべし
日本は豊かな国になりたいのだ！兵器をどんどん作って売るのがいちばんもうかるんじゃ！
軍備をもたなきゃソ連が攻めてくるぞっ！
平和主義
アニャッ約束をやぶろうとしてるニャ
どこの国でも国民の税金で買うんでやんすがね！

平和な国になるために、軍備《ぐんび》をもたない決意をし、憲法にかかげました

むかしの日本は天皇ひとりのものだったべし
みんな臣民《しんみん》つまり家来なのだ
鬼畜米英《きちくべいえい》とは竹槍でも戦かわねばならない！
そんなのバカバカしいやめようニャロ！
なんて言えなかった非国民!!と罪人あつかいされた！
国民が政治の主人《しゅじん》公《こう》である国民主権《こくみんしゅけん》の国になることを憲法で決めました
ワーッ!!
てんの〜へいかばんざ〜い
ジャップまじないかけられてロボットと同じね〜っ！
バッカじゃないの……竹槍なんて見当ちがいの精神主義よーっ！

いまの日本は国民みんなのものだヨ
天皇は日本国のシンボルになったべし……
男女平等も憲法がきめたのよっ！
だから二十歳になったらみんな選挙権があるの……
わン！
国民主権
ニャン権はニャいにょか？
でもまたみんなを臣民にしようとたくらんでるのがいるジョー

基本的人権

憲法で、国民の人《じん》権《けん》を永久に侵《おか》してはならないことを明らかにしました

人間は生まれた時から死ぬまでふつうに生きる権利があるワ
だけどこれはいつも努力しないとなくなってしまうかも……
すわる権利タバコすう権利があるんじゃいっ！
これっ！憲法第十二条にイハンしてるよっ！
自分の権利を守ってもらうためにはほかの人の権利も大事にね……
自分の事しか考えない個人主義は民主主義とはちがうにニャ！

テレビ見る
権利も平等だよ
ジャンケンしよう
いやだなァ
ジャンケン
よわいんだヨウ
あっ！
犬は
ウンチする
権利あるけど
飼い主は
他人にめいわく
かけては
いけない
義務がある
のだ！

憲法は、国民の人権を保障することが、もっとも大切な政治の責任である、と定めました

そういう
ニャロメは
どっちかというと
個ネコ主義で
やんす……
なんか言った
ニャロ!?
すべての
公務員は
みんなの
奉仕者
いばっては
いけないわ
一部の者の
奉仕者でも
ないよ！

憲法では、国が国民に保障すべき、自由や権利を、詳しく定めています

一九五一年五月五日、憲法にもとづいて「児童憲章《じどうけんしょう》」が制定されました

憲法ではじめて、教育を受けることを国民の権利として、保障しました

国民の教育の自由
を保障するための
「教育《きょういく》 基本法制《きほんほうせい》」
がつくられました

憲法は、三権分立《さんけんぶんりつ》の政治制度を採《と》り三つの機関に機能を分担させました

国の政治は国民が信用してまかせた議員がするニャロメ！
国会は法律を決めたりみんなの暮らしのためにお金の集め方や使い方を決めるべし
ウオッホン わしは国会議員じゃ！
ところがどうもへんな議員が多いのだ！
わしはソーリ大臣やーめたっ！
じゃオレがなる！
いやオレが！
選挙だ！
話し合いだ！
どうもなんかヘンでやんス

悪いことした人の罰を決めたり、正しい事を決めてほしいとたのまれたことを決定するんだよっ

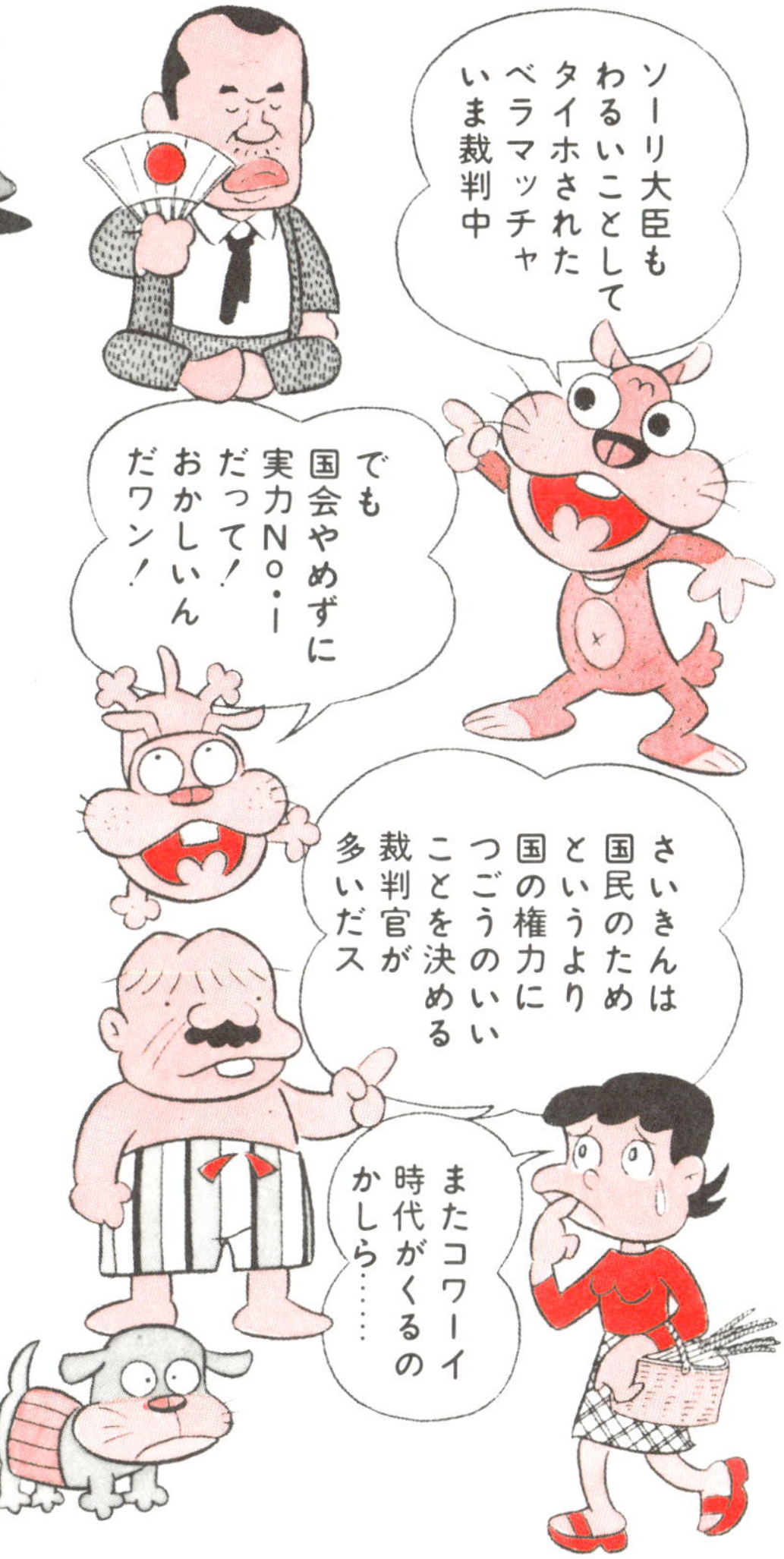
ソーリ大臣もわるいことしてタイホされたベラマッチャいま裁判中
でも国会やめずに実力No.1だって！おかしいんだワン！
さいきんは国民のためというより国の権力につごうのいいことを決める裁判官が多いだス
またコワーイ時代がくるのかしら……

立法権を国会が、行政権を内閣が、司法権を裁判所があつかうのです

この憲法は日本国民の基本的人権をまもるんだじょ〜
でも国民が主権者になるまで多くのギセイと努力があったのよっ！
身近な法律も憲法に関係があるヨ
フヒョーついてないざんス
あんたは立法と司法と行政のどこだいっ！
内閣総理府警察庁
こらっタイホするっ！
ウェーン国会のえらいオジさんだってやってるヨ

でも憲法は改正することもできるんニャ
両議院の全議員の三分の二以上の賛成と国民投票などで過半数の賛成があればいいんだ
国民ぜんぶが参加しなければいけない
大変なことなのよっ！
ケンポーを改正して堂々と軍備をもつんだっ
おおこわい！国民の権利であんなのやめさせましョ

五月三日は憲法記念日よ！
この日は日本の国民がおだやかにくらせるため忘れてはいけない日だいっ！
平和憲法もってるのは日本だけだよっ！
世界じゅうのお手本になってねっ
わたしはソーリ大臣になりたいのです！協力してくださいっ！
憲法改正してゲンバクをつくり兵器をどんどん作るなら協力します
こういう国会議員も多いから気をつけよう！
ボクらの権利もだいじにしてニャ！

「戦争はいたさないのだ!」 赤塚不二夫・断章

①

笑いは人間の特権というがごとくギャグ的人生を生きぬいた漫画家赤塚不二夫。

おかしなことを考え、おかしな漫画を描いて、おもしろいことをやってきたから、おもしろい人間と見られてきたが、赤塚不二夫はけしておかしな人間ではなかった。シャイで世の中のことを考え、ものごとを見つめるまじめな美青年だった。むかし〝満州〟といわれた中国・東北の奉天(瀋陽)から、母親の手を握りしめて三人の妹・弟と日本に引き揚げてきた。母の実家にたどりついて三十分後、赤ん坊だった下の妹が息を引き取った。赤塚不二夫の戦後の出発点はここにある。

一九九五(平成七)年三月、漫画家たちの座談会が開かれた。一九四六(昭和二十一)年に、中国各地から引き揚げてきて漫画家になった上田トシコ、赤塚不二夫、森田拳次、ちばてつや、山内ジョージ、北見けんいち、古谷三敏、高井研一郎、横山孝雄が戦後五十年を経てはじめて引き揚げ体験を語り合ったのだ。司会をみんなより七年遅れて長春から帰国した私・石子順がした。引き揚げ漫画家九人のうち五人が赤塚不二夫のフジオプロ出身漫画家なのも不思議だなあと思いながら進行していくと、おもしろいことをいって笑わせていた赤塚不二夫が真顔になって、なぜ中国引き揚げの漫画家はこんなにいるのだろうかと聞いた。これを受けて、敗戦で植民地生活が逆転、子どもの眼に映った悲劇や恐怖が、しょうがないというあきらめの気持ちにさせ、帰国後も中国人のいうメイファーズ（没法子）ということばのように、なるようになれというおおらかさでなんとか生きて漫画家になったのではないかということになった。メイファーズは赤塚不二夫の名キャッチフレーズ「これでいいのだ」になった感じだ。

②

赤塚不二夫は、引き揚げ後、新潟県で手塚治虫の漫画「ロストワールド」に出会って感動、「ダイヤモンド島」という漫画を描いて母につれられて大阪の漫画本問屋に持ち込んだがことわられた。中学卒業後、漫画を描きたいという気持ちを抱いて上京して働いた。縁あって漫画家が集まったトキワ荘に入って石ノ森章太郎の助手をして、一九五八（昭和三十三）年に「ナマちゃん」でユーモア漫画家としてデビュー。一九六二（昭和三十七）年の「おそ松くん」でギャグ漫画スタイルを作りあげて元気な六つ子に個性的なワキ役たちがからまって毎回猛烈なアクションコメディを展開、爆笑させて人気となった。「ひみつのアッコちゃん」「もーれつア太郎」「天才バカボン」と続いて笑え笑えという勢いに拍車がかかっていく。その笑いの連発には寂しさ、哀しさも漂っていて、ジンとさせることもある。笑いの影にどんなことをしても生きぬく大切さをしまいこんでいる。

③

赤塚不二夫は、チャップリンが好きだ。一九九五（平成七年）年九月に赤塚不二夫の自宅で二人で飲んだ時、酔った赤塚が「一発ね…新作を出さないとね…考えているのはお母さんと息子の話。母子家庭の話なんだけど、ギャグタッチでね。たとえばチャップリンの『キッド』なんてあったじゃない？　あーいうの」ともらした。赤塚不二夫は母の手をしっかり握って帰国できたことを忘れない。そして上京後の漫画家修業時代に母の愛の応援もあった。感謝の思いをこめて亡き母に捧げる作品を描きたかったのだ。

赤塚不二夫はチャップリンが「モダン・タイムス」で資本主義の荒廃を人々に知らしめ、「独裁者」でヒトラーの本質を世界に知らしめたように「ギャグを通して、世の見せかけの真実をあばくことができるのだ」と受けとめていた。

④

赤塚不二夫は、初対面の時に手塚治虫から「漫画家になりたいなら、一流の映画を見て、一流の音楽を聞き、一流の本を読みなさい」といわれた。さっそく「罪と罰」を買ったがこれは読破できなくてあきらめたが映画は見てまわった。赤塚漫画は喜劇だけでなくさまざまな映画から吸収し、ヒントをもらったものが多い。人物の動き、画面転換のしかた、テンポの速さ、せりふのかけ合いなどはまるで映画のようだ。と同時に手塚治虫が生涯のテーマとした生命を大切にという主張も、赤塚流の笑いの中にもりこまれている。また人間は力を合わせれば強くなることを「おそ松くん」に描く。逆境に生きるキャラクターのしたたかさを「もーれつア太郎」に見せ、たとえ馬鹿でも人間であり、ダメな人間はいないことを「天才バカボン」の笑いの中に溶かしこんでいる。笑わせて、風刺して、笑ったあとに誰もが赤塚不二夫の「これでいいのだ」気分になっている。

⑤

私は赤塚不二夫と似ていると人にいわれ、時にはサインを下さいと間違えられることもあった。同じ昭和十年生まれで、〝満州〟の奉天と承徳の二つの小学校ですれ違っていたこともわかって赤塚不二夫とは親近感をもってつきあってきた。その漫画で笑う時、なんでこんな滅茶苦茶な発想になるのかと感心しつつ赤塚不二夫の笑わせ術の切なさに涙がこぼれる。そして気づいた。

赤塚不二夫は、〝満州で〟残留孤児になったかも知れないという思いと、帰ってくることができた後ろめたさをいつも背負ってきた人間だ。赤塚不二夫のギャグ漫画には、敗戦から日本に引き揚げるまでに〝満州〟で倒れてその土と化した二十余万の人たち、帰国直後に亡くなった無数の命への追悼、鎮魂の念がこめられているように感じられてしかたがない。キャラクターたちの〝にぎにぎしき騒ぎ〟は、死者をよびさまし、霊をとむらい、死んでいったものたちに代わって生きる尊さをかみしめているように見える。そのエネルギーが笑いという人間の特権となり「日本はもう戦争はいたさないのだ！」という訴えにつながっている。

（石子順・漫画評論家）

素顔対談

永井　憲一

赤塚不二夫

永井　あなたにお会いできることを、とてもたのしみにしていました。
　いまは専門家のぼくらが憲法について発言するのはもちろん必要なときだけど、若い人たちに影響力の強い、マンガのしごとをなさっている方などの、憲法意識を、おおいに披露してもらいたいと思っていたものですから。

赤塚　いやあ、教えていただくってことになると思うんですよ。ぼくは、子どものマンガを描いていながら、児童憲章の内容だって、わかっていないし、憲法そのものについてもまったく無知なんです。

永井　憲法に書いてある条文よりもいま必要なのは、この本で、あなたがマンガに描かれたような感覚が広く知られ、多くの人を目覚めさせることではないかと、ぼくは思っているんです。憲法に書いてある条文は知らない、とおっしゃるが、あなたは、とても鋭い憲法感覚をもっていらっしゃる。

赤塚　専門的なことじゃなくて、憲法のあり方とかいうことについてなら、お話しできるような気がするんだけど。

永井　ところで、赤塚さんは何年生まれですか。ぼくは、昭和六年（一九三一年）生まれですが。

赤塚　あ、そう。ぼく、昭和十年。

永井　ぼくは、憲一って名前でしょう。しゃれをいうわけじゃないけど、憲法を一すじに勉強してきたみたいにいわれますが、じつは、そうではないんです。意識的に学者の道にはいったわけではないんです。ジャーナリストになりたくてね。新聞社に就職したんですが、研修期間中に、ぼく一人だけ発送のしごとに回されたので〝頭にきて〟やめちゃった。それで行くところがないから、大学院へ行って研究生活をするようになっちゃったんです。
　まじめにいえば、少しは動機みたいなことはありました。ぼくは満州事変の年に生まれ、小学校へはいるときに日支事変が始まり、途中で太平洋戦争が始まり、そして中学二年で終戦でした。戦争っ子みたいなんです。でも、ちょうどものの考えかたが定まる時期に敗戦にでっくわしました。その後、復員して戦争から帰ってこられた大塚雅彦っていう先生が、高崎中学（高崎高校）へ来ましてね。いまお茶の水女子大の先生ですが、学徒動員で戦争へ行かされた、自分の青春を悔いている話から出発して、日本の未来像みたいなものを、いっしょうけんめいに説かれた。あの情熱が、ちょうどそのころに制定された憲法の条文をおぼえたりする契機になったし、ぼくの憲法感覚は、あの先生からの影響がすごく大きかったように思います。

それに、子どものころは、戦争につぐ戦争で、さんざ痛めつけられてきた生活体験もありましたしね。戦後、これからは自由に生きていっていいというんだったら、戦争のない平和な日本のために少しは役に立つような新しい道を選びたい

なんて思いました。

ところで、人間の一生って、いっぺんしかないわけでしょう。その人間の人生を、政治が左右するのです。その国の政治のありかたを決めるものが、憲法であるわけです。ですから、その憲法が、人間の生命や心や、さまざまな人間の生き方を、もっともたいせつにするものであるのか、そうではなくて戦前の明治憲法のように、個々の人間を人間としてあつかわないような国家主義や軍国主義の憲法の方がいいのか、そこのところがいまの憲法問題の中心なのだと思います。いまの憲法の条文に書かれていることをそのまま守るか守らないかじゃない。いまの憲法の条文が完全無欠だとも、ぼくは考えていません。ようするに赤塚さんのいわれた「憲法のありかた」というのがそれでして、それが、いまみんなで考えるべき憲法問題ナノダ、なんですよ。

赤塚　そういうことなら、ぼくは、政府の考え方で、憲法がどういうふうにでも解釈されちゃうっていうのも、どうかと思いますね。だって、憲法に「軍備をもたない」って書いてあるのに、自衛隊ができて、どんどん大きくなっちゃってい

るでしょう。ぼくが最初に「これはイケンゾー（違憲ぞー）」と思ったのは、いまから十五年前に、エンタープライズが寄港したときだった。いまでは、もう核兵器が日本にあるって話までできている。そうすると、憲法って、なんのためにあるんだ、いちばん力をもっている政党が自由にあつかっていいものか、という気がしちゃう。

永井　そうなんです。でもね、どこの国でも、いまの日本のような憲法のもとで、自民党政府がやっているような自分勝手な解釈で軍備をもったりするような大胆なことはできないのが常識なのですよ。

だから自民党としては憲法をつくりかえたいのです。そうしないと実際の政治とつじつまが合わない。でも、かんたんに憲法はつくりかえられない。それほど根強い憲法擁護の意識が国民の中にはある。だから、解釈によってごまかして、いまのような状態にしているんです。

赤塚　一般の人は、政治ばなれしているから、憲法がどうなるかなんて、関心がないのね。若い人なんかアメリカと日本が戦争したことすら知らない人がいるんだもの。選挙なんていっても、だれも本気で考えようとしない。無気力だね。

永井　まったく、その通り。ぼくらの青年期には希望をもって生きてた。あの時期から考えると、想像もつかないような若者の無気力時代になってる。むしろ、ぼくらの子どものころに似た、国や企業の管理に押しつぶされて、みんな政治のあり方などに無関心になり、自分でいやだと思うことに苦情をいったりすることにすら無気力になっちゃった。

赤塚　計画的なんじゃないか、とぼくは思うんだ。文部省という役所が、「おい、右向け」っていったら右を向くような人間ばかりつくりあげてる、そんな計画性を感じるんですね。いまの子どもたちだったら、「おい、戦争だよ」といわれれば「ハイッー」っていって出ていくような気がしませんか。

永井　ぼくも大学の教壇で若者たちをみていて、その通りと感じます。

十数年前だったら、憲法と自衛隊の関係を話していて、そのとき「きみたちは自衛隊が存在することに賛成なのか反対なのか」ときくと、大多数が反対といいました。ところが最近は、賛成の方が多い。

いうまでもなく、徴兵制がないと軍隊はなりたたない。いまだって、中曽根内閣がアメリカと約束したシーレーン計画のように、海外へ自衛隊を派遣するようになったら、いまの志願兵制度の自衛隊じゃ人数が足りないのは、わかりきっている。だから、自衛隊を肯定するんだったら、徴兵制まで肯定しなくちゃ、論理の筋があわないって、学生に話をするんです。

十年くらい前の学生だと「冗談じゃない。おれは、外国へ逃げても行かねえ」とか「脚を折っても行かねえ」とか、ごく幼稚な発想なんだけど、自分自身で判断した答が返ってきたものでした。ところが、いまの学生に同じように、自衛隊の存在を認めるんだったら、徴兵制を認めて、きみたちも自衛隊へ行くのか、ってきくと、いちばん多い答が「そうなったら、いやだけど行く」という。いまの若者には自分の判断がないんです。それはすごく恐ろしいことだと思う。自分で生きていく社会の問題について自分の判断がもてない、ということは、他人にどうにでもされてしまう、ということではないですか。

赤塚　お母さんにいわれたから、あるいは、みんなが行くから塾へ行くっていうのと、おんなじだね。

ぼくは敗戦のドサクサで、ろくに学校で勉強してないから、大学にはいる学生がどんなふうに受験勉強してきたか、よくわからないけど、ペーパーテストでいい点をとるのと、自分の判断力をもっているかどうか、というのとは一致しないね。知識はあるんだけど、りこうじゃない。そういう若者がけっこう多いんだ。

ぼくらがガキのころは、親が全然かまわなかった。勝手にさしてくれた。けれど、「おとなになって恥かくぞ」ってことばでおどかされて、人のつきあいを覚えさせられた。だからいまNHKの鈴木アナウンサーが『気くばりのすすめ』という本を書いて、たくさん読まれている、なんていう話は信じられない気持だね。本を読んだからって、気のきいた人間になれるわけじゃないのにね。

永井　人間っていうのは、親がいつまでも生きているわけではない。だから、自分自身で世の中に生きていかなきゃならないときが必ずくる。そのときに、自分が社会の中でどう生きるか、そういう判断力をもっているということが、いちばん教育のなかでたいせつにされるべきだと思うんです。暗記ばかりの受験勉強のなかでは、ものごとの善悪の判断力を養うことはできない。そりゃあ、人間が生きて行くのに知識は必要だけど、自分が自立していくための判断力がともなわない知識のつめこみだけでは、その人間が生きていくのに、たいした役にもたたないと思うんですがね。

ぼくは、憲法を教える立場だから、よけいに、そう思うのかもしれないけど、これからの民主主義の日本の国で生きていくのならば、国民の一人ひとりが政治のあり方に関心をもち、憲法の精神をその場合の判断基準にもつ必要があるのであって、そのためには学校ではもちろん、家庭でも、憲法について子どもといっしょに話をする機会をもっと多くもつべきだと思うのです。

いまの大学生をみていると、政治に無関心なばかりか、どうも他人に対する気くばりさえないのが多いのです。自分自身しかなくて、その自分自身も、ある特定の人に頼らないと生きていけない、そういうのが、ますます増えている。そういう若者ばかりが育てられているような気がします。

ところで、赤塚さんの子どものころというのは、ちょうど戦争中だったのでしょう。

赤塚　ええ、終戦のとき、ちょうど十歳でしたから、憲法ができたときは十二、三歳ですか――。

ぼくはね、ひょっとすると「中国残留孤児」のひとりだったかもしれないんです。このあいだからテレビで親さがしに来日した人たちを見て、何かお手伝いできることがあったらしたい、と思っているところです。

永井　そうすると……、中国から引き揚げてこられたわけですね。

赤塚　ぼくは中国で生まれましてね。おやじが憲兵をやってて、そのあと特務機関にいて八路軍をずっと追いかけて、戦時工作をやってたんですね。終戦になりまして、おやじはソビエト軍にひっぱられまして、裁判をうけてたらしくていなくて、おふくろの手を必死で握って命からがら満州から引き揚げてきたんだけど、もし、あのとき、おふくろと手が離れて、見失ってしまってたら、いまごろはどうなってたかと、思いますね。

で、くやしいのは、終戦になって、民間人のぼくたちは、軍隊が守ってくれるどころか置き去りにされたことですよ。最初に逃げたのが軍部だった。

永井　沖縄戦でも、そうだった。アメリカ軍が上陸すると、はじめから軍隊は山の上に逃げていて、民衆を前衛に立たせたらしい。

赤塚　そういう目にあっているから、いくら政府が自衛のための軍隊だ、なんて説明しても、ぼくを守ってくれるものじゃないって、てんで信用してないの。

永井　ぼくも、終戦後、ずいぶんつらい学生生活をしました。そんななかで自分自身が成長して自分の力で社会へ生きていこうとする段階で、自分自身が思った生き方というものは、やっぱり一生を支配するのだと思いますね。

赤塚　ぼくは、女性的なのかな、論理じゃなくて、肌で感じるタイプなんだね。戦争を体験しているから二度と戦争なんかイヤだと思うけど、もうひとつ、おやじの思想に対する反発がありましたね。憲兵やってたときの思想が、おやじは死ぬまでぬけなかった。

ぼくがマンガを描き始めたのは、ちょうど六〇年安保のころです。ニャロメっていう名の猫を登場させて、それが権力とたたかう。でも、いつも負けて〝ニャロメ！〟って泣くんです。だから、ぼくのマンガには、よくおまわりさんがでてくるんです。すると、おやじが怒るんですよ。「警察をあまりバカにするな」ってね。おやじは終戦のころ三十歳代だったのに、職業にひたりきっちゃって、職業からくる思想というか、たたきあげられた教育に支配されちゃってたんですね。

いくら「世の中をよくみてみろよ」とぼくがいっても、自分の思想とちがうものは絶対に許さなかった。だから、戦争指導者だった人だとか自衛隊の幹部になってるような人とかは、「戦争しない」って決めて、憲法に書いてあるのが気にいらないはずだよ。おやじとおんなじだよ。

永井　そうですか。反発というか、ひとつの抵抗の精神みたいなものですね。それが世の中の正しいあり方を考える、ものさしをつくりあげる動機になったんだろうと思いますね。

赤塚　それでね。おもしろいのは、おふくろなの。おふくろは、ずっと社会党のファンでね。選挙になると、うちでいつもけんかになっていましたよ。いくらおやじがいっても「これればかりは夫婦といえどもちがう」っていってね。へんな夫婦げんかしてました。

永井　当時としては、フレッシュな政治感覚の持ち主だったんですね、お母さんは。

赤塚　そう、革新だものね。ぼくたちにも、「これからの時代は……」なんて、よく話をしてくれました。なんでおふくろが革新的だったのか、よくわからないけど。

永井　それはやっぱり、女性は肌で戦争の痛みを感じるからでしょう。男性とはちがうものをもっていると思いますよ。女性は子どもを産んで育てる義務感をもっているので、本能的に反戦的なのだと思うんです。男はたたかって死ぬか生きるか、というところでものを見るけれど、女性はそうじゃないもの。おそらく、満州から引き揚げてこられて、苦労されたことが、そういう政治感覚をもたせたのでしょうね。

赤塚　おやじがいないから、おふくろがつとめにでて、ぼくらを養ってくれたわけですからね。労働者になったのですよ。それで、そのつらさを身にしみて感じてたんだと思います。それでも、とうとうぼくらを育てきれなくなって、兄弟バラバラに親戚に預けたりしなきゃならなかったから、おふくろは、世の中の矛盾を感じて革新的な意識をもつようになっていったんでしょうね。

永井　さっき赤塚さんは、自分のことを感覚的だといっていたけれど、それがマンガ家としては、たいせつなのでしょう。肌で感じられるかどうか、っていうことですよね。

ぼくは、音楽にしたって絵にしたって、まじめに自分をそこに表現しようとする人は、世の中への一定の影響力を意識して仕事するのだろうし、その人の生き方の基本が作品にあらわれると考えているのです。その意識を煮つめていけば、この世の中に人間が生活していくうえでプラスになるように、というものでしょう。

赤塚　ぼくは、めちゃめちゃだった戦後すぐに、できたばかりの新制中学へ行って、卒業してすぐに働きにでちゃったから、そういったこともあって、論理的にものを考える訓練ができてなくてね。マンガを描くにしても、肌で感じたものがつみ重なって、自分なりにできあがったイデオロギーっていうのか、自然な気持で描いてるつもりです。

理屈だけだと、ガタガタって崩れちゃうことだってあるけれど、「冗談じゃないよ、おれは○年やってんだ」っていうのは、意外と強いんだよね、何かあったときは。

永井　それがニャロメ精神ですね。いまの時代っていうのは、意識的な論理の組みたてによって社会を操作するみたいなところがあるから、ニャロメ精神が光るんじゃないですか。

赤塚　いまの若い人って、かたちからものをおぼえていって、どうして？　っていうのがなくて、そう思いこんじゃうのね。人間的な理解のしかたじゃなく、「お湯は熱いです」と、それだけでものをみていく。これだから、法律にはすごく強いと思う。たとえば、仲よしでも「お前に迷惑をうけたから、告訴するぞ」って、やっちゃうんです。ああいう考えかたって、恐いような気がするんです。だから、憲法についても、条文だけをみて、それだけにのっとって生活する危険性って、すごくあるような気がするんですけれど。

永井　だから、さっきもいったように、いまの憲法が絶対にいいのだというのではなくて、いまの憲法の中で考えられている「平和を守ろう」とか「人の生命をたいせつにしよう」という精神が守られるべきだと思うのです。いまの憲法を変えてしまうと、そういう精神がなくなってしまう。そういうことをぼくは強くいいたいのです。

ぼくは、人と話していて、ときどき、この人は法律嫌悪感があるなあ、と感じることがあるんです。どうしてか、と考えてみると、戦後の、民主主義が普及され、教育された時期が短すぎたのではないかと思うのです。それが長ければ、法律って、身近なもので、本当の法律は、国民が国民のためにつくるものだ、という見方がもっと定着してたと思うんです。だって、戦前の法律は、民衆をおさえるためにあったから、急に戦後の法律は、民衆の権利や自由を守る手段としてつくられるのだ、といったって、そういう考え方が理解されない。だから、いつまでも法律が、国民にとって遠い存在でしかない、と思われているのが、あたりまえなんです。憲法が国民の生活の中に定着し、憲法は国民のためのもの、という教育が徹底されていないのですよね。

赤塚　おたずねしますけど、憲法っていうのは、民事とか刑事とか、そういうものまで含まれてるわけですか。

永井　ええ、もちろんです。あらゆる法律の基本になっているのが憲法なのです。

ただし、戦前の法律は、できれば全部が新しくされなければならなかったのですけど、たとえば民法の「借りた金は返さなくてはならない」というようなものは、戦後の憲法にも矛盾しない法律だったので、そのまま残されました。ところで、そういう戦後の憲法に矛盾しないということで残された法律のなかにも、いまでは無意味な「親族会議」なんていう、六親等の親族だとか、というような規定も残されています。

だから戦後において、本当に民主主義が定着する時期がもっと長くあったら、そういう法律も、どんどん変えられていったはずです。戦前からの日本の伝統が、いまでも国民の生活のさまざまな場面に、根強く残っているのですよね。

「主人」「奥様」という呼び方が残ってますようにね。だから日本という国は、意識的に変えないと、黙っていると戦前のような状態に戻りやすい、ということもありますしね。

赤塚　それは、いえますね。ぼくは子どものときに「四つの自由」という映画をみて、これからはこういう日本になるのかなぁ、と感動した覚えがあります。ずっとおとなになってから自分はマンガ家になったけど、あの映画のなかにでてきた〝表現の自由〟なんて、いまでは、ちょっと夢みたいな、また制約の多い時代になってきましたね。

永井　きょう、赤塚さんの戦争体験をうかがって、改めて、まだ戦争は終わっていないんだ、という感を強くしました。これからも、お元気で活躍してください。

憲法をよむまえに

永井憲一

日本には〝神さま〟がいて、戦争をくりかえした　戦前の日本は、徳川幕府《とくがわばくふ》が三百年もの長い間〝鎖国《さこく》〟をしている間に、さきに外国が発展してしまったので、明治維新《めいじいしん》のあと、それに追いつくために強い国家《こっか》と軍隊《ぐんたい》の力をつくって、海外に進出していこうとしました。そのためにつくったのが、いかめしい「大日本帝国憲法《だいにっぽんていこくけんぽう》」という名前の憲法でした。それを現在では「明治憲法《めいじけんぽう》」ともよんでいます。

その明治憲法は、天皇《てんのう》を〝神《かみ》さま〟として「神さまのいる日本が世界を支配するのは当然」という口実《こうじつ》をつくり、まずアジア大陸《たいりく》への進出をねらい、朝鮮《ちょうせん》や中国《ちゅうごく》などを侵略《しんりゃく》する戦争をくりかえしてきました。

たとえば、満州事変《まんしゅうじへん》、日中戦争《にっちゅうせんそう》、太平洋戦争《たいへいようせんそう》などです。そして十五年にわたる侵略戦争《しんりゃくせんそう》をつづけて、アジアの多くの国々の国民を殺したり傷《きず》つけてきました。また日本国民も、毎夜の空襲《くうしゅう》におびやかされました。

そのように明治憲法の時代は、戦争、また戦争の歴史でしたが、ついに第二次世界大戦《だいにじせかいたいせん》といわれる太平洋戦争に日本は敗北《はいぼく》し、一九四五年八月、ポツダム宣言《せんげん》を受け入れて、ふたたび戦争をおこさない国になることを世界中の国々に誓《ちか》いました。

もう二度と戦争はやめよう　敗戦《はいせん》のみじめな焼けあとに立って、当時の日本人はしみじみと、「もう二度と戦争はしたくない」「これからは毎日を安心して楽しく生活できる国にしたい」と考えました。

そのような平和への願いをこめて、人間の生命《せいめい》をもっともたいせつにする新しい国になることをめざしてつくったのが、日本国憲法《にほんこくけんぽう》でした。

だから日本国憲法は、あらゆる戦争をしないこと、そのために、いっさいの軍備《ぐんび》をもたないことを宣言したのです〔前文および九条〕。

これまでほかの国々でも、自分の国から戦争をしかける侵略戦争はしないようにする、ということを定めた憲法はいくつかありました。しかし「いっさいの軍備をもたない」ことにして、あらゆる戦争を放棄《ほうき》する、というようにまでした憲法は、日本国憲法が最初のものでした。日本は世界に先《さき》がけて、ほんとうに世界中に平和を実現する〝よびかけ〟をする国となり、まず自分自身が徹底《てってい》した平和の国になろう、と決意したのです。

国民が政治の主人公です

もともと明治憲法は、国家の発展《はってん》ということを第一に考える国にしようとする憲法でしたから、国の政治のあり方を決める力を天皇に集めました。ところが、そのような天皇の強い力が、しばしば少数の政治家《せいじか》や軍人《ぐんじん》に利用され、国民が犠牲《ぎせい》にされる政治が行なわれました。

しかし、近代《きんだい》の諸国では「みな人間は同じ人間なのであり、その国で行なわれる政治は、できるだけ大勢《おおぜい》の人の意見に基《もと》づいて行なわれていかなくてはならない」と考えられるようになっています。これを民主主義《みんしゅしゅぎ》とか、民主政治《みんしゅせいじ》といいます。つまり、国民が政治の主人公《しゅじんこう》になることです。

戦後の日本では、そのように、国民を主人公とする〝国民主権《こくみんしゅけん》〟の国になることを日本国憲法が決《き》めました。そして、天皇は国の象徴《しょうちょう》とし、国の政治にかかわることを認めないことにしました。

いつの世でも、人間の社会のなかで、ひとりにだけあらゆる権力《けんりょく》をまかせておくと、その人の思いどおりの支《し》配《はい》をするようになりがちです。一つの国でも同じことです。それは歴史が示しています。それで、ロックやモンテスキューという思想家《しそうか》が、そのような国の権力を分けて別な人間に担当《たんとう》させることが、近代の民主政治にとって必要であると提唱《ていしょう》しました。

「民主主義」や「民主政治」は、国民が政治の主人公になることです。つまり「民主政治」はその根底《こんてい》に、すべての国民を人間として尊重《そんちょう》するという考え方（思想《しそう》）が保《たも》たれていなくてはならないし、また、つねに国民の意思《いし》が正しく政治の上に反映《はんえい》されるような〝しくみ〟をもっていなくてはなりません。

それで日本国憲法は、三権分立《さんけんぶんりつ》の政治制度《せいじせいど》を採用《さいよう》しました。すなわち日本国憲法は、すべて国民が「成年」（満二十歳）に達すれば、国の政治に〝選挙《せんきょ》〟を通じて参加できるようにしました。そして国の政治制度は、政治の方向をきめる立法権《りっぽうけん》を国会《こっかい》、その方向にそって政治を実現する行政権《ぎょうせいけん》を内閣《ないかく》、そのような政治のなかで国民の人権《じんけん》を守る役割の司法権《しほうけん》を裁判所《さいばんしょ》がそれぞれ行なうものとして、その機能を分担させたのです。

そのなかの「国会」とは、国民の代表者《だいひょうしゃ》が集まって国の政治の方向を決定する機関《きかん》です。法律をつくることが中心の仕事ですが、ほかにも内閣総理大臣《ないかくそうりだいじん》を指名したり、予算を決めたり、内閣が締結《ていけつ》した条約の承認をするなどの大きな力をもっています。

一方、内閣は、国会がつくった法律に基づいて国の政治を行なう機関です。日本では、内閣総理大臣は国会議《こっかいぎ》員《いん》のなかから国会が指名することになっていますし、そのほかの大臣も半数以上は国会議員のなかから選ばれることになっています。このように、国民の意思が国会議員の選挙を通じて、内閣の構成にまで及《およ》んでいるのです。

しかも「内閣は行政権の行使について国会に対し連帯《れんたい》して責任を負《お》う」（六十六条）と定められています。このような政治制度を「議院内閣制《ぎいんないかくせい》」といいます。

もう一つが、裁判所です。裁判所は、社会の秩序《ちつじょ》を乱すような犯罪《はんざい》を法律に基づいて処罰《しょばつ》したり、国民の間に紛争《ふんそう》があるような場合、それを解決して国民の権利《けんり》や幸福《こうふく》が守られるようにする、そういう任務《にんむ》をもつ機関です。

人間としての自由、人間らしい権利

日本国憲法は、国民の基本的人権《きほんてきじんけん》を永久に侵《おか》してはならないものである（十一条）ことを明らかにし、また、国民の人権を保障《ほしょう》することがもっともたいせつな政治の責任である（十三条）ことを定めました。

そして憲法全体の約三分の一にもあたる条文をつかって、国民に保障すべき自由や権利を詳しく定めています。第三章です。

そのなかの自由の保障には、思想や良心の自由をはじめ、信教《しんきょう》の自由、表現《ひょうげん》の自由、学問《がくもん》の自由、結婚《けっこん》の自由などの、まず人間の〝心〟の自由を保障しています。また、職業選択《しょくぎょうせんたく》の自由や、家や土地などをもつ私有財産《しゆうざいさん》の自由などの〝物〟の自由も保障し、ほかに人身《じんしん》の自由、つまり〝身体〟の自由も保障しています。

また国民が生活するための権利として、健康に恵まれない人にも最低限度の生活を国が保障することを明らかにし、また国民が自分の力で生活するために必要な教育を受ける権利や、勤労《きんろう》をする権利、勤労者が団結し、経《けい》営者《えいしゃ》と団体《だんたい》交渉《こうしょう》をする権利なども保障しています。

そして、これらの自由や権利を確保するための権利として、国民が議員《ぎいん》や公務員《こうむいん》を選び辞《や》めさせたりする権利、法律の制定などを請願《せいがん》する権利、公平な裁判が受けられる権利などを保障しています。

憲法は最高法規である　日本国憲法は、それが制定される手続きとして「明治憲法を改正したもの」というかたちをとりました。ですから、第一章「天皇」という順の明治憲法の章別の〝柱だて〟に、第二章「戦争の放棄《ほうき》」と第八章「地方自治《ちほうじち》」が新しい章として加えられてつくられました。

それでこの憲法が制定されたときに国会は、明治憲法とのもっとも大きな相違点を明らかにしておく一章を終《しゅう》章に設けようという意向で、第十章に「最高法規《さいこうほうき》」という章を新設しました。

ここに、重要なことが三つ書かれています。

一つは、この憲法がもっともたいせつにしたいのは基本的人権の保障であることをとくに明らかにしておくために、「この憲法が日本国民に保障する基本的人権は、人類の多年《たねん》にわたる自由獲得《じゆうかくとく》の努力の成果《せいか》であって、これらの権利は、過去幾多《かこいくた》の試練《しれん》に堪《た》え、現在及《およ》び将来の国民に対し、侵すことのできない永久の権利として信託《しんたく》されたものである」(九十七条)と書いています。

一つは、日本が国民の意思に基づいて政治を行なう法治国家として、憲法を最高法規の地位に置き、あとからつくられてくる法律などが憲法に違反《いはん》することのないようにすることによって、法秩序《ほうちつじょ》を維持することとし、もし憲法に違反する法律などがあとからつくられた場合には、それを無効《むこう》とする(九十八条一項)と定めています。

また、それまでの日本は、しばしば外国との約束である条約を一方的に破ったりしたことがあったので、これからはそのようなことはしないと宣言して「日本国が締結した条約及び確立された国際法規《こくさいほうき》は、これを誠実に遵守《じゅんしゅ》する」（九十八条二項）と書いています。

もう一つは、この憲法の運用《うんよう》に直接かかわり、もっとも責任のある立場の大臣や国会議員や裁判官、そのほかの公務員に「この憲法を尊重し擁護《ようご》する義務を負う」（九十九条）と定めています。

「憲法改正」は徴兵制への道です

もはや日本国憲法が戦後に実施されてから三十余年もたち、日本をとりまく諸外国の情勢《じょうせい》も大きく変わりました。そうしたなかでアメリカは、日本に再軍備《さいぐんび》とそれを可能にする憲法改正を求め、日本の自民党政府も、それを認めました。それが日米安全保障条約《にちべいあんぜんほしょうじょうやく》の体制《たいせい》です。

政府は自衛隊《じえいたい》をつくり、ますます増強《ぞうきょう》しています。また、日本の防衛ばかりでなく、太平洋領域《りょういき》にまで日本の自衛隊が出動《しゅつどう》して、演習《えんしゅう》をするようにまでなっています。

日本がアメリカとの間に日米安全保障条約を締結して再軍備をするようになってからは、日本の政府は、憲法改正の時機《じき》をうかがいつつ、また、〝愛国心《あいこくしん》〟をもて、と教育などの面で強調し、着々《ちゃくちゃく》と憲法改正のムードづくりをしています。もし憲法が改定されれば、やがて「いまの自衛隊では隊員が足りない」というような理由で、ふたたび〝徴兵制《ちょうへいせい》〟を復活させる危険すらあるのです。これまでにも日本の政府は、いますぐに再軍備のための憲法改正をするよりも「教育を通じて、愛国心と自衛の精神を国民に植《う》えつけさせる」という、いわば憲法改正を〝先取《さきど》り〟するような教育政策を、たとえば教科書の検定《けんてい》などを通じて、すでに、おしすすめてきています。

平和の担い手を育てる教育

戦前の日本では、教育は「国家の発展のために有能な人材を開発する」という目的で行なわれてきました。そういう目的を〝教育勅語《きょういくちょくご》〟で定めていました。そして、教育を通じて「忠君愛国《ちゅうくんあいこく》」「滅《めっ》私奉公《しほうこう》」という極端《きょくたん》な国家主義《こっかしゅぎ》と軍国主義《ぐんこくしゅぎ》の考え方が、国民に浸透《しんとう》されていったのです。

戦後では日本国憲法が、はじめて教育を受けることを国民の権利として保障しました。すなわち、国民の誰もが、たとえ経済的に恵《めぐ》まれない家庭の子どもでも「その能力に応《おう》じて、ひとしく教育を受ける権利を有《ゆう》する」〔二十六条〕としたのです。これを〝教育の機会均等《きかいきんとう》〟といいます。そのために「義務教育《ぎむきょういく》は、これを無償《むしょう》とする」〔二十六条二項〕と定めています。

このように、すべての国民に教育を受ける権利を保障したのは、なによりも人間の尊厳《そんげん》を尊重《そんちょう》する民主主義思想を基盤《きばん》としているのです。そして国民の誰もが教育を受けることにより、一つには、自分の個性《こせい》に応じて社会に自立して生存できるような能力や意欲を習得《しゅうとく》できるようにすること、そして、もう一つには、日本国憲法のめざす平和で民主的な日本を維持・発展させていく〝担《にな》い手《て》〟（主権者）としての自覚をもった国民を育成《いくせい》していくこと、それを戦後教育の目標としました〔教育基本法前文・一条〕。また、戦前のように政治が教育を手段《しゅだん》として支配し利用することがないようにするために、国民の教育の自由（国民の教育権）を保障する教育基本法制《きょういくきほんほうせい》をつくりました。

〈注〉この教育基本法制に対して、「国への忠誠」「家族」「伝統」の理念に欠けるなどの批判にはじまる教育基本法見直しの動きが活発になり、二〇〇六年十二月二十五日、自民党政府が提出した改正案が国会で成立しました。以前の法律との違いは資料で対比してください。

子どもは戦争の被害だけをうけてきたが

どこの国でも、親がその子どもを育てることは、法律以前の、親の自然な権利であり義務であると考えられています。ですから各国の憲法が「子どもの権利」について定めている例は、比較的少ないわけです。

日本国憲法では「児童は、これを酷使してはならない」〔二十七条三項〕と定めています。日本国憲法が、子どもの権利について直接定めているのは、これが唯一です。

しかし、子どもとて当然に人間であり、国民なのです。そうならば国民（人間）の権利を保障することを目的としている憲法の基本的人権を保障するすべての規定が、子どもを含むすべての人間（国民）の権利を保障するために適用されると考えられるべきです。

戦後の日本では、一九五一年五月五日に、児童憲章《じどうけんしょう》が制定されました。その前文には、「われらは、日本国憲法の精神にしたがい、児童に対する正しい観念を確立し、すべての児童の幸福をはかるために、この憲章を定める。児童は、人として尊ばれる。児童は、社会の一員として重んぜられる。児童は、よい環境のなかで育てられる」と、子どもの権利を保障する基本的な考え方が書かれています。

子どもは、つねに戦争をする意思決定には参加していないのに、その被害だけを受けてきたのです。それで第二次世界大戦後には、これからは平和な社会のなかで子どもの権利をおとながたいせつにするように国際的に連帯をしていこう、という目的の活動が「国際連合」を中心に、積極的にすすめられるようになりました。先年の〝国際児童年〟なども、その活動の一環としてもたれたのです。

〈注〉 これらの活動に支えられて「子どもの権利条約」が国連総会で全会一致で採択されたのが一九八九年十月二十日、九〇年九月二日に効力を発しました。今なお続く子どもの危機的状況を解決するには、人類共通の権利を保障する基準を示し、具体的な取組みを全世界でするよう求めたのです。日本政府が条約の批准書を国連事務総長に送ったのは遅れて九四年四月二十二日で、一五八番目の締約国となりました。一カ月後の五月二十二日には、国内でも効力を発し、日本国憲法に準ずる子どもの権利を守る基準となったのです。

さて、どうでしょう。

平和を守る憲法のもとでなければ、国民の生命そのものが大切にされないばかりか、子どもたちの将来に明るい見通しがたてられないことを、おわかりいただけたでしょうか。

この憲法が制定された当時の〝初心《しょしん》〟に、日本の政治をたちかえらせるか、それとも憲法の「改正」をゆるして、ふたたび戦争にまきこまれ、生命をおびやかされる危険を「座《ざ》して待つ」のか、それは、かかって国民一人ひとりの自覚と責任によるのです。

みなさんで、もう一度、いまの憲法をよみかえしてみてください。

資料

日本国憲法
教育基本法
大日本帝国憲法（明治憲法）

日《に》本《ほん》国《こく》憲《けん》法《ぽう》

（昭和二十一年十一月三日公布）
（昭和二十二年 五 月三日施行）

朕は、日本国民の総意に基いて、新日本建設の礎が、定まるに至つたことを、深くよろこび、枢密顧問の諮詢及び帝国憲法第七十三条による帝国議会の議決を経た帝国憲法の改正を裁可し、ここにこれを公布せしめる。

御名御璽

昭和二十一年十一月三日

内閣総理大臣兼
外務大臣 吉田 茂
国務大臣 男爵 幣原喜重郎
司法大臣 木村篤太郎
内務大臣 大村清一
文部大臣 田中耕太郎
農林大臣 和田博雄
国務大臣 斎藤隆夫
逓信大臣 一松定吉
商工大臣 星島二郎
厚生大臣 河合良成
国務大臣 植原悦二郎
運輸大臣 平塚常次郎
大蔵大臣 石橋湛山
国務大臣 金森徳次郎
国務大臣 膳桂之助

日本国憲法

日《に》本《ほん》国《こく》民《みん》は、正《せい》当《とう》に選《せん》挙《きょ》された国《こっ》会《かい》における代《だい》表《ひょう》者《しゃ》を通《つう》じて行《こう》動《どう》し、われらとわれらの子《し》孫《そん》のために、諸《しょ》国《こく》民《みん》との協《きょう》和《わ》による成《せい》果《か》と、わが国《くに》全《ぜん》土《ど》にわたつて自《じ》由《ゆう》のもたらす恵《けい》沢《たく》を確《かく》保《ほ》し、政《せい》府《ふ》の行《こう》為《い》によつて再《ふたた》び戦《せん》争《そう》の惨《さん》禍《か》が起《お》ることのないやうにすることを決《けつ》意《い》し、ここに主《しゅ》権《けん》が国《こく》民《みん》に存《そん》することを宣《せん》言《げん》し、この憲《けん》法《ぽう》を確《かく》定《てい》する。そもそも国《こく》政《せい》は、国《こく》民《みん》の厳《げん》粛《しゅく》な信《しん》託《たく》によるものであつて、その権《けん》威《い》は国《こく》民《みん》に由《ゆ》来《らい》し、その権《けん》力《りょく》は国《こく》民《みん》の代《だい》表《ひょう》者《しゃ》がこれを行《こう》使《し》し、その福《ふく》利《り》は国《こく》民《みん》がこれを享《きょう》受《じゅ》する。これは人《じん》類《るい》普《ふ》遍《へん》の原《げん》理《り》であり、この憲《けん》法《ぽう》は、かかる原理《げんり》に基《もと》づくものである。われらは、これに反《はん》する一切《いっさい》の憲法《けんぽう》、法令《ほうれい》及《およ》び詔勅《しょうちょく》を排除《はいじょ》する。

日本国民《にほんこくみん》は、恒久《こうきゅう》の平和《へいわ》を念願《ねんがん》し、人間相互《にんげんそうご》の関係《かんけい》を支配《しはい》する崇高《すうこう》な理想《りそう》を深《ふか》く自覚《じかく》するのであつて、平和《へいわ》を愛《あい》する諸国民《しょこくみん》の公正《こうせい》と信義《しんぎ》に信頼《しんらい》して、われらの安全《あんぜん》と生存《せいぞん》を保持《ほじ》しようと決意《けつい》した。われらは、平和《へいわ》を維持《いじ》し、専制《せんせい》と隷従《れいじゅう》、圧迫《あっぱく》と偏狭《へんきょう》を地上《ちじょう》から永遠《えいえん》に除去《じょきょ》しようと努《つと》めてゐる国際社会《こくさいしゃかい》において、名誉《めいよ》ある地位《ちい》を占《し》めたいと思《おも》ふ。われらは、全世界《ぜんせかい》の国民《こくみん》が、ひとしく恐怖《きょうふ》と欠乏《けつぼう》から免《まぬ》かれ、平和《へいわ》のうちに生存《せいぞん》する権利《けんり》を有《ゆう》することを確認《かくにん》する。

われらは、いづれの国家《こっか》も、自国《じこく》のことのみに専念《せんねん》して他国《たこく》を無視《むし》してはならないのであつて、政治道徳《せいじどうとく》の法則《ほうそく》は、普遍的《ふへんてき》なものであり、この法則《ほうそく》に従《したが》ふことは、自国《じこく》の主権《しゅけん》を維持《いじ》し、他国《たこく》と対等関係《たいとうかんけい》に立《た》たうとする各国《かっこく》の責務《せきむ》であると信《しん》ずる。

日本国民《にほんこくみん》は、国家《こっか》の名誉《めいよ》にかけ、全力《ぜんりょく》をあげてこの崇高《すうこう》な理想《りそう》と目的《もくてき》を達成《たっせい》することを誓《ちか》ふ。

第《だい》一章《しょう》　天皇《てんのう》

第《だい》一条《じょう》　天皇《てんのう》は、日本国《にほんこく》の象徴《しょうちょう》であり日本国民《にほんこくみん》統合《とうごう》の象徴《しょうちょう》であつて、この地位《ちい》は、主権《しゅけん》の存《そん》する日本国民《にほんこくみん》の総意《そうい》に基《もとづ》く。

第《だい》二条《じょう》　皇位《こうい》は、世襲《せしゅう》のものであつて、国会《こっかい》の議決《ぎけつ》した皇室典範《こうしつてんぱん》の定《さだ》めるところにより、これを継承《けいしょう》する。

第《だい》三条《じょう》　天皇《てんのう》の国事《こくじ》に関《かん》するすべての行為《こうい》には、内閣《ないかく》の助言《じょげん》と承認《しょうにん》を必要《ひつよう》とし、内閣《ないかく》が、その責任《せきにん》を負《お》ふ。

第《だい》四条《じょう》　天皇《てんのう》は、この憲法《けんぽう》の定《さだ》める国事《こくじ》に関《かん》する行為《こうい》のみを行《おこな》ひ、国政《こくせい》に関《かん》する権能《けんのう》を有《ゆう》しない。

②　天皇《てんのう》は、法律《ほうりつ》の定《さだ》めるところにより、その国事《こくじ》に関《かん》する行為《こうい》を委任《いにん》することができる。

第《だい》五条《じょう》　皇室典範《こうしつてんぱん》の定《さだ》めるところにより摂政《せっしょう》を置《お》くときは、摂政《せっしょう》は、天皇《てんのう》の名《な》でその国事《こくじ》に関《かん》する行為《こうい》を行《おこな》ふ。この場合《ばあい》には、前条第《ぜんじょうだい》一項《こう》の規定《きてい》を準用《じゅんよう》する。

第《だい》六条《じょう》　天皇《てんのう》は、国会《こっかい》の指名《しめい》に基《もと》いて、内閣総理大臣《ないかくそうりだいじん》を任命《にんめい》する。

②　天皇《てんのう》は、内閣《ないかく》の指名《しめい》に基《もと》いて、最高裁判所《さいこうさいばんしょ》の長《ちょう》たる裁判官《さいばんかん》を任命《にんめい》する。

第《だい》七条《じょう》　天皇《てんのう》は、内閣《ないかく》の助言《じょげん》と承認《しょうにん》により、国民《こくみん》のために、左《さ》の国事《こくじ》に関《かん》する行為《こうい》を行《おこな》ふ。

一　憲法改正《けんぽうかいせい》、法律《ほうりつ》、政令《せいれい》及《およ》び条約《じょうやく》を公布《こうふ》すること。

二　国会《こっかい》を召集《しょうしゅう》すること。

三　衆議院《しゅうぎいん》を解散《かいさん》すること。

四　国会議員《こっかいぎいん》の総選挙《そうせんきょ》の施行《しこう》を公示《こうじ》すること。

五　国務大臣《こくむだいじん》及《およ》び法律《ほうりつ》の定《さだ》めるその他《た》の官吏《かんり》の任免《にんめん》並《なら》びに全権委任状《ぜんけんいにんじょう》及《およ》び大使《たいし》及《およ》び公《こう》

使《し》の信任状《しんにんじょう》を認証《にんしょう》すること。

六　大赦《たいしゃ》、特赦《とくしゃ》、減刑《げんけい》、刑《けい》の執行《しっこう》の免除及《めんじょおよ》び復権《ふっけん》を認証《にんしょう》すること。

七　栄典《えいてん》を授与《じゅよ》すること。

八　批准書及《ひじゅんしょおよ》び法律《ほうりつ》の定《さだ》めるその他《た》の外交文書《がいこうぶんしょ》を認証《にんしょう》すること。

九　外国《がいこく》の大使《たいし》及《およ》び公使《こうし》を接受《せつじゅ》すること。

十　儀式《ぎしき》を行《おこな》ふこと。

第《だい》八条《じょう》　皇室《こうしつ》に財産《ざいさん》を譲《ゆず》り渡《わた》し、又《また》は皇室《こうしつ》が、財産《ざいさん》を譲《ゆず》り受《う》け、若《も》しくは賜与《しよ》することは、国会《こっかい》の議決《ぎけつ》に基《もとづ》かなければならない。

第《だい》二章《しょう》　戦争《せんそう》の放棄《ほうき》

第《だい》九条《じょう》　日本国民《にほんこくみん》は、正義《せいぎ》と秩序《ちつじょ》を基調《きちょう》とする国際平和《こくさいへいわ》を誠実《せいじつ》に希求《ききゅう》し、国権《こっけん》の発動《はつどう》たる戦争《せんそう》と、武力《ぶりょく》による威嚇又《いかくまた》は武力《ぶりょく》の行使《こうし》は、国際紛争《こくさいふんそう》を解決《かいけつ》する手段《しゅだん》としては、永久《えいきゅう》にこれを放棄《ほうき》する。

②　前項《ぜんこう》の目的《もくてき》を達《たっ》するため、陸海空軍《りくかいくうぐん》その他《た》の戦力《せんりょく》は、これを保持《ほじ》しない。国《くに》の交戦権《こうせんけん》は、これを認《みと》めない。

第《だい》三章《しょう》　国民《こくみん》の権利及《けんりおよ》び義務《ぎむ》

第《だい》十条《じょう》　日本国民《にほんこくみん》たる要件《ようけん》は、法律《ほうりつ》でこれを定《さだ》める。

第《だい》十一条《じょう》　国民《こくみん》は、すべての基本的人権《きほんてきじんけん》の享有《きょうゆう》を妨《さまた》げられない。この憲法《けんぽう》が国民《こくみん》に保障《ほしょう》する基本的人権《きほんてきじんけん》は、侵《おか》すことのできない永久《えいきゅう》の権利《けんり》として、現在及《げんざいおよ》び将来《しょうらい》の国民《こくみん》に与《あた》へられる。

第《だい》十二条《じょう》　この憲法《けんぽう》が国民《こくみん》に保障《ほしょう》する自由及《じゆうおよ》び権利《けんり》は、国民《こくみん》の不断《ふだん》の努力《どりょく》によつて、これを保持《ほじ》しなければならない。又《また》、国民《こくみん》は、これを濫用《らんよう》してはならないのであつて、常《つね》に公共《こうきょう》の福祉《ふくし》のためにこれを利用《りよう》する責任《せきにん》を負《お》ふ。

第《だい》十三条《じょう》 すべて国民《こくみん》は、個人《こじん》として尊重《そんちょう》される。生命《せいめい》、自由《じゆう》及《およ》び幸福追求《こうふくついきゅう》に対《たい》する国民《こくみん》の権利《けんり》については、公共《こうきょう》の福祉《ふくし》に反《はん》しない限《かぎ》り、立法《りっぽう》その他《た》の国政《こくせい》の上《うえ》で、最大《さいだい》の尊重《そんちょう》を必要《ひつよう》とする。

第《だい》十四条《じょう》 すべて国民《こくみん》は、法《ほう》の下《もと》に平等《びょうどう》であつて、人種《じんしゅ》、信条《しんじょう》、性別《せいべつ》、社会的身分又《しゃかいてきみぶんまた》は門地《もんち》により、政治的《せいじてき》、経済的又《けいざいてきまた》は社会的関係《しゃかいてきかんけい》において、差別《さべつ》されない。

② 華族《かぞく》その他《た》の貴族《きぞく》の制度《せいど》は、これを認《みと》めない。

③ 栄誉《えいよ》、勲章《くんしょう》その他《た》の栄典《えいてん》の授与《じゅよ》は、いかなる特権《とっけん》も伴《ともな》はない。栄典《えいてん》の授与《じゅよ》は、現《げん》にこれを有《ゆう》し、又《また》は将来《しょうらい》これを受《う》ける者《もの》の一代《だい》に限《かぎ》り、その効力《こうりょく》を有《ゆう》する。

第《だい》十五条《じょう》 公務員《こうむいん》を選定《せんてい》し、及《およ》びこれを罷免《ひめん》することは、国民固有《こくみんこゆう》の権利《けんり》である。

② すべて公務員《こうむいん》は、全体《ぜんたい》の奉仕者《ほうししゃ》であつて、一部《いちぶ》の奉仕者《ほうししゃ》ではない。

③ 公務員《こうむいん》の選挙《せんきょ》については、成年者《せいねんしゃ》による普《ふ》通選挙《つうせんきょ》を保障《ほしょう》する。

④ すべて選挙《せんきょ》における投票《とうひょう》の秘密《ひみつ》は、これを侵《おか》してはならない。選挙人《せんきょにん》は、その選択《せんたく》に関《かん》し公的《こうてき》にも私的《してき》にも責任《せきにん》を問《と》はれない。

第《だい》十六条《じょう》 何人《なんびと》も、損害《そんがい》の救済《きゅうさい》、公務員《こうむいん》の罷免《ひめん》、法律《ほうりつ》、命令又《めいれいまた》は規則《きそく》の制定《せいてい》、廃止又《はいしまた》は改正《かいせい》その他《た》の事項《じこう》に関《かん》し、平穏《へいおん》に請願《せいがん》する権利《けんり》を有《ゆう》し、何人《なんびと》も、かかる請願《せいがん》をしたためにいかなる差別待遇《さべつたいぐう》も受《う》けない。

第《だい》十七条《じょう》 何人《なんびと》も、公務員《こうむいん》の不法行為《ふほうこうい》により、損害《そんがい》を受《う》けたときは、法律《ほうりつ》の定《さだ》めるところにより、国又《くにまた》は公共団体《こうきょうだんたい》に、その賠償《ばいしょう》を求《もと》めることができる。

第《だい》十八条《じょう》　何人《なんびと》も、いかなる奴隷的拘束《どれいてきこうそく》も受《う》けない。又《また》、犯罪《はんざい》に因《よ》る処罰《しょばつ》の場合《ばあい》を除《のぞ》いては、その意《い》に反《はん》する苦役《くえき》に服《ふく》させられない。

第《だい》十九条《じょう》　思想《しそう》及《およ》び良心《りょうしん》の自由《じゆう》は、これを侵《おか》してはならない。

第《だい》二十条《じょう》　信教《しんきょう》の自由《じゆう》は、何人《なんびと》に対《たい》してもこれを保障《ほしょう》する。いかなる宗教団体《しゅうきょうだんたい》も、国《くに》から特権《とっけん》を受《う》け、又《また》は政治上《せいじじょう》の権力《けんりょく》を行使《こうし》してはならない。

② 何人《なんびと》も、宗教上《しゅうきょうじょう》の行為《こうい》、祝典《しゅくてん》、儀式《ぎしき》又《また》は行事《ぎょうじ》に参加《さんか》することを強制《きょうせい》されない。

③ 国及《くにおよ》びその機関《きかん》は、宗教教育《しゅうきょうきょういく》その他《た》いかなる宗教的活動《しゅうきょうてきかつどう》もしてはならない。

第《だい》二十一条《じょう》　集会《しゅうかい》、結社及《けっしゃおよ》び言論《げんろん》、出版《しゅっぱん》その他《た》一切《いっさい》の表現《ひょうげん》の自由《じゆう》は、これを保障《ほしょう》する。

② 検閲《けんえつ》は、これをしてはならない。通信《つうしん》の秘《ひ》密《みつ》は、これを侵《おか》してはならない。

第《だい》二十二条《じょう》　何人《なんびと》も、公共《こうきょう》の福祉《ふくし》に反《はん》しない限《かぎ》り、居住《きょじゅう》、移転及《いてんおよ》び職業選択《しょくぎょうせんたく》の自由《じゆう》を有《ゆう》する。

② 何人《なんびと》も、外国《がいこく》に移住《いじゅう》し、又《また》は国籍《こくせき》を離脱《りだつ》する自由《じゆう》を侵《おか》されない。

第《だい》二十三条《じょう》　学問《がくもん》の自由《じゆう》は、これを保障《ほしょう》する。

第《だい》二十四条《じょう》　婚姻《こんいん》は、両性《りょうせい》の合意《ごうい》のみに基《もと》いて成立《せいりつ》し、夫婦《ふうふ》が同等《どうとう》の権利《けんり》を有《ゆう》することを基《き》本《ほん》として、相互《そうご》の協力《きょうりょく》により、維持《いじ》されなければならない。

② 配偶者《はいぐうしゃ》の選択《せんたく》、財産権《ざいさんけん》、相続《そうぞく》、住居《じゅうきょ》の選定《せんてい》、離婚並《りこんなら》びに婚姻及《こんいんおよ》び家族《かぞく》に関《かん》するその他《た》の事《じ》項《こう》に関《かん》しては、法律《ほうりつ》は、個人《こじん》の尊厳《そんげん》と両性《りょうせい》の本質的平等《ほんしつてきびょうどう》に立脚《りっきゃく》して、制定《せいてい》されなければならない。

第《だい》二十五条《じょう》　すべて国民《こくみん》は、健康《けんこう》で文化的《ぶんかてき》な最《さい》低限度《ていげんど》の生活《せいかつ》を営《いとな》む権利《けんり》を有《ゆう》する。

② 国《くに》は、すべての生活部面《せいかつぶめん》について、社会福祉《しやかいふくし》、社会保障《しやかいほしよう》及《およ》び公衆衛生《こうしゆうえいせい》の向上《こうじよう》及《およ》び増進《ぞうしん》に努《つと》めなければならない。

第《だい》二十六条《じよう》 すべて国民《こくみん》は、法律《ほうりつ》の定《さだ》めるところにより、その能力《のうりよく》に応《おう》じて、ひとしく教育《きよういく》を受《う》ける権利《けんり》を有《ゆう》する。

② すべて国民《こくみん》は、法律《ほうりつ》の定《さだ》めるところにより、その保護《ほご》する子女《しじよ》に普通教育《ふつうきよういく》を受《う》けさせる義務《ぎむ》を負《お》ふ。義務教育《ぎむきよういく》は、これを無償《むしよう》とする。

第《だい》二十七条《じよう》 すべて国民《こくみん》は、勤労《きんろう》の権利《けんり》を有《ゆう》し、義務《ぎむ》を負《お》ふ。

② 賃金《ちんぎん》、就業時間《しゆうぎようじかん》、休息《きゆうそく》その他《た》の勤労条件《きんろうじようけん》に関《かん》する基準《きじゆん》は、法律《ほうりつ》でこれを定《さだ》める。

③ 児童《じどう》は、これを酷使《こくし》してはならない。

第《だい》二十八条《じよう》 勤労者《きんろうしや》の団結《だんけつ》する権利《けんり》及《およ》び団体交渉《だんたいこうしよう》その他《た》の団体行動《だんたいこうどう》をする権利《けんり》は、これを保障《ほしよう》する。

第《だい》二十九条《じよう》 財産権《ざいさんけん》は、これを侵《おか》してはならない。

② 財産権《ざいさんけん》の内容《ないよう》は、公共《こうきよう》の福祉《ふくし》に適合《てきごう》するやうに、法律《ほうりつ》でこれを定《さだ》める。

③ 私有財産《しゆうざいさん》は、正当《せいとう》な補償《ほしよう》の下《もと》に、これを公共《こうきよう》のために用《もち》ひることができる。

第《だい》三十条《じよう》 国民《こくみん》は、法律《ほうりつ》の定《さだ》めるところにより、納税《のうぜい》の義務《ぎむ》を負《お》ふ。

第《だい》三十一条《じよう》 何人《なんぴと》も、法律《ほうりつ》の定《さだ》める手続《てつづき》によらなければ、その生命若《せいめいも》しくは自由《じゆう》を奪《うば》はれ、又《また》はその他《た》の刑罰《けいばつ》を科《か》せられない。

第《だい》三十二条《じよう》 何人《なんぴと》も、裁判所《さいばんしよ》において裁判《さいばん》を受《う》ける権利《けんり》を奪《うば》はれない。

第《だい》三十三条《じよう》 何人《なんぴと》も、現行犯《げんこうはん》として逮捕《たいほ》される場合《ばあい》を除《のぞ》いては、権限《けんげん》を有《ゆう》する司法官憲《しほうかんけん》が発《はつ》し、且《か》つ理由《りゆう》となつてゐる犯罪《はんざい》を明示《めいじ》する令《れい》状《じょう》によらなければ、逮捕《たいほ》されない。

第《だい》三十四条《じょう》　何人《なんびと》も、理由《りゆう》を直《ただ》ちに告《つ》げられ、且《か》つ、直《ただ》ちに弁護人《べんごにん》に依頼《いらい》する権利《けんり》を与《あた》へられなければ、抑留又《よくりゆうまた》は拘禁《こうきん》されない。又《また》、何人《なんびと》も、正当《せいとう》な理由《りゆう》がなければ、拘禁《こうきん》されず、要求《ようきゆう》があれば、その理由《りゆう》は、直《ただ》ちに本人《ほんにん》及《およ》びその弁護人《べんごにん》の出席《しゆつせき》する公開《こうかい》の法廷《ほうてい》で示《しめ》されなければならない。

第《だい》三十五条《じょう》　何人《なんびと》も、その住居《じゆうきよ》、書類及《しよるいおよ》び所持品《しよじひん》について、侵入《しんにゆう》、捜索及《そうさくおよ》び押収《おうしゆう》を受《う》けることのない権利《けんり》は、第《だい》三十三条《じょう》の場合《ばあい》を除《のぞ》いては、正当《せいとう》な理由《りゆう》に基《もと》いて発《はつ》せられ、且《か》つ捜索《そうさく》する場所及《ばしよおよ》び押収《おうしゆう》する物《もの》を明示《めいじ》する令状《れいじよう》がなければ、侵《おか》されない。

② 捜索又《そうさくまた》は押収《おうしゆう》は、権限《けんげん》を有《ゆう》する司法官憲《しほうかんけん》が発《はつ》する各別《かくべつ》の令状《れいじよう》により、これを行《おこな》ふ。

第《だい》三十六条《じょう》　公務員《こうむいん》による拷問及《ごうもんおよ》び残虐《ざんぎやく》な刑罰《けいばつ》は、絶対《ぜつたい》にこれを禁《きん》ずる。

第《だい》三十七条《じょう》　すべて刑事事件《けいじじけん》においては、被告人《ひこくにん》は、公平《こうへい》な裁判所《さいばんしよ》の迅速《じんそく》な公開裁判《こうかいさいばん》を受《う》ける権利《けんり》を有《ゆう》する。

② 刑事被告人《けいじひこくにん》は、すべての証人《しようにん》に対《たい》して審問《しんもん》する機会《きかい》を充分《じゆうぶん》に与《あた》へられ、又《また》、公費《こうひ》で自己《じこ》のために強制的手続《きようせいてきてつづき》により証人《しようにん》を求《もと》める権利《けんり》を有《ゆう》する。

③ 刑事被告人《けいじひこくにん》は、いかなる場合《ばあい》にも、資格《しかく》を有《ゆう》する弁護人《べんごにん》を依頼《いらい》することができる。被告人《ひこくにん》が自《みずか》らこれを依頼《いらい》することができないときは、国《くに》でこれを附《ふ》する。

第《だい》三十八条《じょう》　何人《なんびと》も、自己《じこ》に不利益《ふりえき》な供述《きようじゆつ》を強要《きようよう》されない。

② 強制《きようせい》、拷問若《ごうもんも》しくは脅迫《きようはく》による自白又《じはくまた》は不当《ふとう》に長《なが》く抑留若《よくりゆうも》しくは拘禁《こうきん》された後《のち》の自白《じはく》は、これを証拠《しようこ》とすることができない。

③　何人《なんぴと》も、自己《じこ》に不利益《ふりえき》な唯一《ゆいいつ》の証拠《しょうこ》が本人《ほんにん》の自白《じはく》である場合《ばあい》には、有罪《ゆうざい》とされ、又《また》は刑《けい》罰《ばつ》を科《か》せられない。

第《だい》三十九条《じょう》　何人《なんぴと》も、実行《じっこう》の時《とき》に適法《てきほう》であった行為《こうい》又《また》は既《すで》に無罪《むざい》とされた行為《こうい》については、刑事上《けいじじょう》の責任《せきにん》を問《と》はれない。又《また》、同一《どういつ》の犯罪《はんざい》について、重《かさ》ねて刑事上《けいじじょう》の責任《せきにん》を問《と》はれない。

第《だい》四十条《じょう》　何人《なんぴと》も、抑留《よくりゅう》又《また》は拘禁《こうきん》された後《のち》、無罪《むざい》の裁判《さいばん》を受《う》けたときは、法律《ほうりつ》の定《さだ》めるところにより、国《くに》にその補償《ほしょう》を求《もと》めることができる。

第《だい》四章《しょう》　国会《こっかい》

第《だい》四十一条《じょう》　国会《こっかい》は、国権《こっけん》の最高機関《さいこうきかん》であって、国《くに》の唯一《ゆいいつ》の立法機関《りっぽうきかん》である。

第《だい》四十二条《じょう》　国会《こっかい》は、衆議院《しゅうぎいん》及《およ》び参議院《さんぎいん》の両議《りょうぎ》院《いん》でこれを構成《こうせい》する。

第《だい》四十三条《じょう》　両議院《りょうぎいん》は、全国民《ぜんこくみん》を代表《だいひょう》する選挙《せんきょ》された議員《ぎいん》でこれを組織《そしき》する。

②　両議院《りょうぎいん》の議員《ぎいん》の定数《ていすう》は、法律《ほうりつ》でこれを定《さだ》める。

第《だい》四十四条《じょう》　両議院《りょうぎいん》の議員《ぎいん》及《およ》びその選挙人《せんきょにん》の資格《しかく》は、法律《ほうりつ》でこれを定《さだ》める。但《ただ》し、人種《じんしゅ》、信条《しんじょう》、性別《せいべつ》、社会的身分《しゃかいてきみぶん》、門地《もんち》、教育《きょういく》、財産《ざいさん》又《また》は収入《しゅうにゅう》によって差別《さべつ》してはならない。

第《だい》四十五条《じょう》　衆議院議員《しゅうぎいんぎいん》の任期《にんき》は、四年《ねん》とする。但《ただ》し、衆議院解散《しゅうぎいんかいさん》の場合《ばあい》には、その期間《きかん》満了前《まんりょうまえ》に終了《しゅうりょう》する。

第《だい》四十六条《じょう》　参議院議員《さんぎいんぎいん》の任期《にんき》は、六年《ねん》とし、三年《ねん》ごとに議員《ぎいん》の半数《はんすう》を改選《かいせん》する。

第《だい》四十七条《じょう》　選挙区《せんきょく》、投票《とうひょう》の方法《ほうほう》その他《た》両議院《りょうぎいん》の議員《ぎいん》の選挙《せんきょ》に関《かん》する事項《じこう》は、法律《ほうりつ》でこれを定《さだ》める。

第《だい》四十八条《じょう》　何人《なんびと》も、同時《どうじ》に両議院《りょうぎいん》の議員《ぎいん》たることはできない。

第《だい》四十九条《じょう》　両議院《りょうぎいん》の議員《ぎいん》は、法律《ほうりつ》の定《さだ》めるところにより、国庫《こっこ》から相当額《そうとうがく》の歳費《さいひ》を受《う》ける。

第《だい》五十条《じょう》　両議院《りょうぎいん》の議員《ぎいん》は、法律《ほうりつ》の定《さだ》める場合《ばあい》を除《のぞ》いては、国会《こっかい》の会期《かいき》中《ちゅう》逮捕《たいほ》されず、会期《かいき》前《まえ》に逮捕《たいほ》された議員《ぎいん》は、その議院《ぎいん》の要求《ようきゅう》があれば、会期《かいき》中《ちゅう》これを釈放《しゃくほう》しなければならない。

第《だい》五十一条《じょう》　両議院《りょうぎいん》の議員《ぎいん》は、議院《ぎいん》で行《おこな》つた演説《えんぜつ》、討論《とうろん》又《また》は表決《ひょうけつ》について、院外《いんがい》で責任《せきにん》を問《と》はれない。

第《だい》五十二条《じょう》　国会《こっかい》の常会《じょうかい》は、毎年《まいねん》一回《かい》これを召集《しょうしゅう》する。

第《だい》五十三条《じょう》　内閣《ないかく》は、国会《こっかい》の臨時会《りんじかい》の召集《しょうしゅう》を決定《けってい》することができる。いづれかの議院《ぎいん》の総《そう》議員《ぎいん》の四分《ぶん》の一以上《いじょう》の要求《ようきゅう》があれば、内閣《ないかく》は、その召集《しょうしゅう》を決定《けってい》しなければならない。

第《だい》五十四条《じょう》　衆議院《しゅうぎいん》が解散《かいさん》されたときは、解散《かいさん》の日《ひ》から四十日《にち》以内《いない》に、衆議院《しゅうぎいん》議員《ぎいん》の総選挙《そうせんきょ》を行《おこな》ひ、その選挙《せんきょ》の日《ひ》から三十日《にち》以内《いない》に、国会《こっかい》を召集《しょうしゅう》しなければならない。

②　衆議院《しゅうぎいん》が解散《かいさん》されたときは、参議院《さんぎいん》は、同時《どうじ》に閉会《へいかい》となる。但《ただ》し、内閣《ないかく》は、国《くに》に緊急《きんきゅう》の必要《ひつよう》があるときは、参議院《さんぎいん》の緊急集会《きんきゅうしゅうかい》を求《もと》めることができる。

③　前項《ぜんこう》但書《ただしがき》の緊急集会《きんきゅうしゅうかい》において採《と》られた措置《そち》は、臨時《りんじ》のものであつて、次《つぎ》の国会《こっかい》開会《かいかい》の後《のち》十日《か》以内《いない》に、衆議院《しゅうぎいん》の同意《どうい》がない場合《ばあい》には、その効力《こうりょく》を失《うしな》ふ。

第《だい》五十五条《じょう》　両議院《りょうぎいん》は、各〻《おのおの》その議員《ぎいん》の資格《しかく》に関《かん》する争訟《そうしょう》を裁判《さいばん》する。但《ただ》し、議員《ぎいん》の議席《ぎせき》を失《うしな》はせるには、出席議員《しゅっせきぎいん》の三分《ぶん》の二以上《いじょう》の多《た》数《すう》による議決《ぎけつ》を必要《ひつよう》とする。

第《だい》五十六条《じょう》 両議院《りょうぎいん》は、各〻《おのおの》その総議員《そうぎいん》の三分《ぶん》の一以上《いじょう》の出席《しゅっせき》がなければ、議事《ぎじ》を開《ひら》き議《ぎ》決《けつ》することができない。

② 両議院《りょうぎいん》の議事《ぎじ》は、この憲法《けんぽう》に特別《とくべつ》の定《さだめ》のある場合《ばあい》を除《のぞ》いては、出席議員《しゅっせきぎいん》の過半数《かはんすう》でこれを決《けつ》し、可否同数《かひどうすう》のときは、議長《ぎちょう》の決《けつ》するところによる。

第《だい》五十七条《じょう》 両議院《りょうぎいん》の会議《かいぎ》は、公開《こうかい》とする。但《ただ》し、出席議員《しゅっせきぎいん》の三分《ぶん》の二以上《いじょう》の多数《たすう》で議決《ぎけつ》したときは、秘密会《ひみつかい》を開《ひら》くことができる。

② 両議院《りょうぎいん》は、各〻《おのおの》その会議《かいぎ》の記録《きろく》を保存《ほぞん》し、秘密会《ひみつかい》の記録《きろく》の中《なか》で特《とく》に秘密《ひみつ》を要《よう》すると認《みと》められるもの以外《いがい》は、これを公表《こうひょう》し、且《か》つ一般《いっぱん》に頒布《はんぷ》しなければならない。

③ 出席議員《しゅっせきぎいん》の五分《ぶん》の一以上《いじょう》の要求《ようきゅう》があれば、各議員《かくぎいん》の表決《ひょうけつ》は、これを会議録《かいぎろく》に記載《きさい》しなければならない。

第《だい》五十八条《じょう》 両議院《りょうぎいん》は、各〻《おのおの》その議長《ぎちょう》その他《た》の役員《やくいん》を選任《せんにん》する。

② 両議院《りょうぎいん》は、各〻《おのおの》その会議《かいぎ》その他《た》の手続《てつづき》及《およ》び内部《ないぶ》の規律《きりつ》に関《かん》する規則《きそく》を定《さだ》め、又《また》、院内《いんない》の秩序《ちつじょ》をみだした議員《ぎいん》を懲罰《ちょうばつ》することができる。但《ただ》し、議員《ぎいん》を除名《じょめい》するには、出席議員《しゅっせきぎいん》の三分《ぶん》の二以上《いじょう》の多数《たすう》による議決《ぎけつ》を必要《ひつよう》とする。

第《だい》五十九条《じょう》 法律案《ほうりつあん》は、この憲法《けんぽう》に特別《とくべつ》の定《さだめ》のある場合《ばあい》を除《のぞ》いては、両議院《りょうぎいん》で可決《かけつ》したとき法律《ほうりつ》となる。

② 衆議院《しゅうぎいん》で可決《かけつ》し、参議院《さんぎいん》でこれと異《こと》なった議決《ぎけつ》をした法律案《ほうりつあん》は、衆議院《しゅうぎいん》で出席議員《しゅっせきぎいん》の三分《ぶん》の二以上《いじょう》の多数《たすう》で再《ふたた》び可決《かけつ》したときは、法《ほう》律《りつ》となる。

③ 前項《ぜんこう》の規定《きてい》は、法律《ほうりつ》の定《さだ》めるところによ

り、衆議院《しゅうぎいん》が、両議院《りょうぎいん》の協議会《きょうぎかい》を開《ひら》くことを求《もと》めることを妨《さまた》げない。

④　参議院《さんぎいん》が、衆議院《しゅうぎいん》の可決《かけつ》した法律案《ほうりつあん》を受《う》け取《と》った後《のち》、国会休会中《こっかいきゅうかいちゅう》の期間《きかん》を除《のぞ》いて六十日以内《にちいない》に、議決《ぎけつ》しないときは、衆議院《しゅうぎいん》は、参《さん》議院《ぎいん》がその法律案《ほうりつあん》を否決《ひけつ》したものとみなすことができる。

第《だい》六十条《じょう》　予算《よさん》は、さきに衆議院《しゅうぎいん》に提出《ていしゅつ》しなければならない。

②　予算《よさん》について、参議院《さんぎいん》で衆議院《しゅうぎいん》と異《こと》なった議決《ぎけつ》をした場合《ばあい》に、法律《ほうりつ》の定《さだ》めるところにより、両議院《りょうぎいん》の協議会《きょうぎかい》を開《ひら》いても意見《いけん》が一致《いっち》しないとき、又《また》は参議院《さんぎいん》が、衆議院《しゅうぎいん》の可決《かけつ》した予算《よさん》を受《う》け取《と》った後《のち》、国会休会中《こっかいきゅうかいちゅう》の期間《きかん》を除《のぞ》いて三十日以内《にちいない》に、議決《ぎけつ》しないときは、衆《しゅう》議院《ぎいん》の議決《ぎけつ》を国会《こっかい》の議決《ぎけつ》とする。

第《だい》六十一条《じょう》　条約《じょうやく》の締結《ていけつ》に必要《ひつよう》な国会《こっかい》の承認《しょうにん》については、前条第《ぜんじょうだい》二項《こう》の規定《きてい》を準用《じゅんよう》する。

第《だい》六十二条《じょう》　両議院《りょうぎいん》は、各々《おのおの》国政《こくせい》に関《かん》する調《ちょう》査《さ》を行《おこな》ひ、これに関《かん》して、証人《しょうにん》の出頭《しゅっとう》及《およ》び証《しょう》言《げん》並《なら》びに記録《きろく》の提出《ていしゅつ》を要求《ようきゅう》することができる。

第《だい》六十三条《じょう》　内閣総理大臣《ないかくそうりだいじん》その他《た》の国務大臣《こくむだいじん》は、両議院《りょうぎいん》の一に議席《ぎせき》を有《ゆう》すると有《ゆう》しないとにかかはらず、何時《いつ》でも議案《ぎあん》について発言《はつげん》するため議院《ぎいん》に出席《しゅっせき》することができる。又《また》、答《とう》弁《べん》又《また》は説明《せつめい》のため出席《しゅっせき》を求《もと》められたときは、出席《しゅっせき》しなければならない。

第《だい》六十四条《じょう》　国会《こっかい》は、罷免《ひめん》の訴追《そつい》を受《う》けた裁判《さいばん》官《かん》を裁判《さいばん》するため、両議院《りょうぎいん》の議員《ぎいん》で組織《そしき》する弾劾裁判所《だんがいさいばんしょ》を設《もう》ける。

②　弾劾《だんがい》に関《かん》する事項《じこう》は、法律《ほうりつ》でこれを定《さだ》める。

第《だい》五章《しょう》　内閣《ないかく》

第《だい》六十五条《じょう》　行政権《ぎょうせいけん》は、内閣《ないかく》に属《ぞく》する。

第《だい》六十六条《じょう》　内閣《ないかく》は、法律《ほうりつ》の定《さだ》めるところにより、その首長《しゅちょう》たる内閣総理大臣《ないかくそうりだいじん》及《およ》びその他《た》の国務大臣《こくむだいじん》でこれを組織《そしき》する。

②　内閣総理大臣《ないかくそうりだいじん》その他《た》の国務大臣《こくむだいじん》は、文民《ぶんみん》でなければならない。

③　内閣《ないかく》は、行政権《ぎょうせいけん》の行使《こうし》について、国会《こっかい》に対《たい》し連帯《れんたい》して責任《せきにん》を負《お》ふ。

第《だい》六十七条《じょう》　内閣総理大臣《ないかくそうりだいじん》は、国会議員《こっかいぎいん》の中《なか》から国会《こっかい》の議決《ぎけつ》で、これを指名《しめい》する。この指名《しめい》は、他《た》のすべての案件《あんけん》に先《さき》だつて、これを行《おこな》ふ。

②　衆議院《しゅうぎいん》と参議院《さんぎいん》とが異《こと》なつた指名《しめい》の議決《ぎけつ》をした場合《ばあい》に、法律《ほうりつ》の定《さだ》めるところにより、両議院《りょうぎいん》の協議会《きょうぎかい》を開《ひら》いても意見《いけん》が一致《いっち》しないとき、又《また》は衆議院《しゅうぎいん》が指名《しめい》の議決《ぎけつ》をした後《のち》、国会《こっかい》休会中《きゅうかいちゅう》の期間《きかん》を除《のぞ》いて十日《か》以内《いない》に、参議院《さんぎいん》が、指名《しめい》の議決《ぎけつ》をしないときは、衆議院《しゅうぎいん》の議決《ぎけつ》を国会《こっかい》の議決《ぎけつ》とする。

第《だい》六十八条《じょう》　内閣総理大臣《ないかくそうりだいじん》は、国務大臣《こくむだいじん》を任命《にんめい》する。但《ただ》し、その過半数《かはんすう》は、国会議員《こっかいぎいん》の中《なか》から選《えら》ばれなければならない。

②　内閣総理大臣《ないかくそうりだいじん》は、任意《にんい》に国務大臣《こくむだいじん》を罷免《ひめん》することができる。

第《だい》六十九条《じょう》　内閣《ないかく》は、衆議院《しゅうぎいん》で不信任《ふしんにん》の決議案《けつぎあん》を可決《かけつ》し、又《また》は信任《しんにん》の決議案《けつぎあん》を否決《ひけつ》したときは、十日《か》以内《いない》に衆議院《しゅうぎいん》が解散《かいさん》されない限《かぎ》り、総辞職《そうじしょく》をしなければならない。

第《だい》七十条《じょう》　内閣総理大臣《ないかくそうりだいじん》が欠《か》けたとき、又《また》は衆議院議員総選挙《しゅうぎいんぎいんそうせんきょ》の後《のち》に初《はじ》めて国会《こっかい》の召集《しょうしゅう》があつたときは、内閣《ないかく》は、総辞職《そうじしょく》をしなければならない。

第《だい》七十一条《じょう》　前《ぜん》二条《じょう》の場合《ばあい》には、内閣《ないかく》は、あらたに内閣総理大臣《ないかくそうりだいじん》が任命《にんめい》されるまで引《ひ》き続《つづ》きその職務《しょくむ》を行《おこな》ふ。

第《だい》七十二条《じょう》　内閣総理大臣《ないかくそうりだいじん》は、内閣《ないかく》を代表《だいひょう》して議案《ぎあん》を国会《こっかい》に提出《ていしゅつ》し、一般国務《いっぱんこくむ》及《およ》び外交関係《がいこうかんけい》について国会《こっかい》に報告《ほうこく》し、並《なら》びに行政各部《ぎょうせいかくぶ》を指《し》揮監督《きかんとく》する。

第《だい》七十三条《じょう》　内閣《ないかく》は、他《た》の一般行政事務《いっぱんぎょうせいじむ》の外《ほか》、左《さ》の事務《じむ》を行《おこな》ふ。

一　法律《ほうりつ》を誠実《せいじつ》に執行《しっこう》し、国務《こくむ》を総理《そうり》すること。

二　外交関係《がいこうかんけい》を処理《しょり》すること。

三　条約《じょうやく》を締結《ていけつ》すること。但《ただ》し、事前《じぜん》に、時《じ》宜《ぎ》によつては事後《じご》に、国会《こっかい》の承認《しょうにん》を経《へ》ることを必要《ひつよう》とする。

四　法律《ほうりつ》の定《さだ》める基準《きじゅん》に従《したが》ひ、官吏《かんり》に関《かん》する事務《じむ》を掌理《しょうり》すること。

五　予算《よさん》を作成《さくせい》して国会《こっかい》に提出《ていしゅつ》すること。

六　この憲法及《けんぽうおよ》び法律《ほうりつ》の規定《きてい》を実施《じっし》するために、政令《せいれい》を制定《せいてい》すること。但《ただ》し、政令《せいれい》には、特《とく》にその法律《ほうりつ》の委任《いにん》がある場合《ばあい》を除《のぞ》いては、罰則《ばっそく》を設《もう》けることができない。

七　大赦《たいしゃ》、特赦《とくしゃ》、減刑《げんけい》、刑《けい》の執行《しっこう》の免除及《めんじょおよ》び復権《ふっけん》を決定《けってい》すること。

第《だい》七十四条《じょう》　法律及《ほうりつおよ》び政令《せいれい》には、すべて主任《しゅにん》の国務大臣《こくむだいじん》が署名《しょめい》し、内閣総理大臣《ないかくそうりだいじん》が連署《れんしょ》することを必要《ひつよう》とする。

第《だい》七十五条《じょう》　国務大臣《こくむだいじん》は、その在任中《ざいにんちゅう》、内閣総《ないかくそう》理大臣《りだいじん》の同意《どうい》がなければ、訴追《そつい》されない。但《ただ》し、これがため、訴追《そつい》の権利《けんり》は、害《がい》されない。

第《だい》六章《しょう》　司法《しほう》

第《だい》七十六条《じょう》　すべて司法権《しほうけん》は、最高裁判所及《さいこうさいばんしょおよ》び法律《ほうりつ》の定《さだ》めるところにより設置《せっち》する下《か》級《きゅう》裁《さい》判所《ばんしょ》に属《ぞく》する。

② 特別裁判所《とくべつさいばんしょ》は、これを設置《せっち》することができない。行政機関《ぎょうせいきかん》は、終審《しゅうしん》として裁判《さいばん》を行《おこな》ふことができない。

③ すべて裁判官《さいばんかん》は、その良心《りょうしん》に従《したが》ひ独立《どくりつ》してその職権《しょっけん》を行《おこな》ひ、この憲法及《けんぽうおよ》び法律《ほうりつ》にのみ拘《こう》束《そく》される。

第《だい》七十七条《じょう》 最高裁判所《さいこうさいばんしょ》は、訴訟《そしょう》に関《かん》する手続《てつづき》、弁護士《べんごし》、裁判所《さいばんしょ》の内部《ないぶ》規律《きりつ》及《およ》び司法《しほう》事務《じむ》処理《しょり》に関《かん》する事項《じこう》について、規則《きそく》を定《さだ》める権限《けんげん》を有《ゆう》する。

② 検察官《けんさつかん》は、最高裁判所《さいこうさいばんしょ》の定《さだ》める規則《きそく》に従《したが》はなければならない。

③ 最高裁判所《さいこうさいばんしょ》は、下《か》級《きゅう》裁判所《さいばんしょ》に関《かん》する規則《きそく》を定《さだ》める権限《けんげん》を、下《か》級《きゅう》裁判所《さいばんしょ》に委任《いにん》することができる。

第《だい》七十八条《じょう》 裁判官《さいばんかん》は、裁判《さいばん》により、心身《しんしん》の故《こ》障《しょう》のために職務《しょくむ》を執《と》ることができないと決定《けってい》された場合《ばあい》を除《のぞ》いては、公《おおやけ》の弾劾《だんがい》によらなければ罷免《ひめん》されない。裁判官《さいばんかん》の懲戒処分《ちょうかいしょぶん》は、行《ぎょう》政機関《せいきかん》がこれを行《おこな》ふことはできない。

第《だい》七十九条《じょう》 最高裁判所《さいこうさいばんしょ》は、その長《ちょう》たる裁判官《さいばんかん》及《およ》び法律《ほうりつ》の定《さだ》める員数《いんずう》のその他《た》の裁判官《さいばんかん》でこれを構成《こうせい》し、その長《ちょう》たる裁判官《さいばんかん》以外《いがい》の裁判官《さいばんかん》は、内閣《ないかく》でこれを任命《にんめい》する。

② 最高裁判所《さいこうさいばんしょ》の裁判官《さいばんかん》の任命《にんめい》は、その任命《にんめい》後《ご》初《はじ》めて行《おこな》はれる衆議院《しゅうぎいん》議員《ぎいん》総選挙《そうせんきょ》の際《さい》国民《こくみん》の審査《しんさ》に付《ふ》し、その後《のち》十年《ねん》を経過《けいか》した後《のち》初《はじ》めて行《おこな》はれる衆議院議員総選挙《しゅうぎいんぎいんそうせんきょ》の際更《さいさら》に審査《しんさ》に付《ふ》し、その後《ご》も同様《どうよう》とする。

③ 前項《ぜんこう》の場合《ばあい》において、投票者《とうひょうしゃ》の多数《たすう》が裁《さい》判官《ばんかん》の罷免《ひめん》を可《か》とするときは、その裁判官《さいばんかん》は、罷免《ひめん》される。

④　審査《しんさ》に関《かん》する事項《じこう》は、法律《ほうりつ》でこれを定《さだ》める。

⑤　最高裁判所《さいこうさいばんしよ》の裁判官《さいばんかん》は、法律《ほうりつ》の定《さだ》める年齢《ねんれい》に達《たつ》した時《とき》に退官《たいかん》する。

⑥　最高裁判所《さいこうさいばんしよ》の裁判官《さいばんかん》は、すべて定期《ていき》に相当《そうとう》額《がく》の報酬《ほうしゆう》を受《う》ける。この報酬《ほうしゆう》は、在任中《ざいにんちゆう》、これを減額《げんがく》することができない。

第《だい》八十条《じよう》　下級裁判所《かきゆうさいばんしよ》の裁判官《さいばんかん》は、最高裁判所《さいこうさいばんしよ》の指名《しめい》した者《もの》の名簿《めいぼ》によつて、内閣《ないかく》でこれを任命《にんめい》する。その裁判官《さいばんかん》は、任期《にんき》を十年《ねん》とし、再任《さいにん》されることができる。但《ただ》し、法律《ほうりつ》の定《さだ》める年齢《ねんれい》に達《たつ》した時《とき》には退官《たいかん》する。

②　下級裁判所《かきゆうさいばんしよ》の裁判官《さいばんかん》は、すべて定期《ていき》に相当《そうとう》額《がく》の報酬《ほうしゆう》を受《う》ける。この報酬《ほうしゆう》は、在任中《ざいにんちゆう》、これを減額《げんがく》することができない。

第《だい》八十一条《じよう》　最高裁判所《さいこうさいばんしよ》は、一切《いつさい》の法律《ほうりつ》、命令《めいれい》、規則《きそく》又《また》は処分《しよぶん》が憲法《けんぽう》に適合《てきごう》するかしないかを決定《けつてい》する権限《けんげん》を有《ゆう》する終審裁判所《しゆうしんさいばんしよ》である。

第《だい》八十二条《じよう》　裁判《さいばん》の対審及《たいしんおよ》び判決《はんけつ》は、公開法廷《こうかいほうてい》でこれを行《おこな》ふ。

②　裁判所《さいばんしよ》が、裁判官《さいばんかん》の全員一致《ぜんいんいつち》で、公《おおやけ》の秩序《ちつじよ》又《また》は善良《ぜんりよう》の風俗《ふうぞく》を害《がい》する虞《おそれ》があると決《けつ》した場《ば》合《あい》には、対審《たいしん》は、公開《こうかい》しないでこれを行《おこな》ふことができる。但《ただ》し、政治犯罪《せいじはんざい》、出版《しゆつぱん》に関《かん》する犯罪又《はんざいまた》はこの憲法第三章《けんぽうだいしよう》で保障《ほしよう》する国民《こくみん》の権《けん》利《り》が問題《もんだい》となつてゐる事件《じけん》の対審《たいしん》は、常《つね》にこれを公開《こうかい》しなければならない。

第《だい》七章《しよう》　財政《ざいせい》

第《だい》八十三条《じよう》　国《くに》の財政《ざいせい》を処理《しより》する権限《けんげん》は、国会《こつかい》の議決《ぎけつ》に基《もと》いて、これを行使《こうし》しなければならない。

第《だい》八十四条《じよう》　あらたに租税《そぜい》を課《か》し、又《また》は現行《げんこう》の租税《そぜい》を変更《へんこう》するには、法律又《ほうりつまた》は法律《ほうりつ》の定《さだ》める条件《じょうけん》によることを必要《ひつよう》とする。

第《だい》八十五条《じょう》　国費《こくひ》を支出《ししゅつ》し、又《また》は国《くに》が債務《さいむ》を負担《ふたん》するには、国会《こっかい》の議決《ぎけつ》に基《もと》くことを必要《ひつよう》とする。

第《だい》八十六条《じょう》　内閣《ないかく》は、毎会計年度《まいかいけいねんど》の予算《よさん》を作成《さくせい》し、国会《こっかい》に提出《ていしゅつ》して、その審議《しんぎ》を受《う》け議決《ぎけつ》を経《へ》なければならない。

第《だい》八十七条《じょう》　予見《よけん》し難《がた》い予算《よさん》の不足《ふそく》に充《あ》てるため、国会《こっかい》の議決《ぎけつ》に基《もと》いて予備費《よびひ》を設《もう》け、内閣《ないかく》の責任《せきにん》でこれを支出《ししゅつ》することができる。

②　すべて予備費《よびひ》の支出《ししゅつ》については、内閣《ないかく》は、事後《じご》に国会《こっかい》の承諾《しょうだく》を得《え》なければならない。

第《だい》八十八条《じょう》　すべて皇室財産《こうしつざいさん》は、国《くに》に属《ぞく》する。すべて皇室《こうしつ》の費用《ひよう》は、予算《よさん》に計上《けいじょう》して国会《こっかい》の議決《ぎけつ》を経《へ》なければならない。

第《だい》八十九条《じょう》　公金《こうきん》その他《た》の公《おおやけ》の財産《ざいさん》は、宗教《しゅうきょう》上《じょう》の組織《そしき》若《も》しくは団体《だんたい》の使用《しよう》、便益《べんえき》若《も》しくは維持《いじ》のため、又《また》は公《おおやけ》の支配《しはい》に属《ぞく》しない慈善《じぜん》、教育《きょういく》若《も》しくは博愛《はくあい》の事業《じぎょう》に対《たい》し、これを支出《ししゅつ》し、又《また》はその利用《りよう》に供《きょう》してはならない。

第《だい》九十条《じょう》　国《くに》の収入支出《しゅうにゅうししゅつ》の決算《けっさん》は、すべて毎年会計検査院《まいねんかいけいけんさいん》がこれを検査《けんさ》し、内閣《ないかく》は、次《つぎ》の年度《ねんど》に、その検査報告《けんさほうこく》とともに、これを国会《こっかい》に提出《ていしゅつ》しなければならない。

②　会計検査院《かいけいけんさいん》の組織及《そしきおよ》び権限《けんげん》は、法律《ほうりつ》でこれを定《さだ》める。

第《だい》九十一条《じょう》　内閣《ないかく》は、国会及《こっかいおよ》び国民《こくみん》に対《たい》し、定期《ていき》に、少《すく》くとも毎年《まいねん》一回《かい》、国《くに》の財政状況《ざいせいじょうきょう》について報告《ほうこく》しなければならない。

第《だい》八章《しょう》　地方自治《ちほうじち》

第《だい》九十二条《じょう》　地方公共団体《ちほうこうきょうだんたい》の組織及《そしきおよ》び運営《うんえい》に関《かん》する事項《じこう》は、地方自治《ちほうじち》の本旨《ほんし》に基《もと》いて、法律《ほうりつ》でこれを定《さだ》める。

第《だい》九十三条《じょう》　地方公共団体《ちほうこうきょうだんたい》には、法律《ほうりつ》の定《さだ》めるところにより、その議事機関《ぎじきかん》として議会《ぎかい》を設置《せっち》する。

②　地方公共団体《ちほうこうきょうだんたい》の長《ちょう》、その議会《ぎかい》の議員及《ぎいんおよ》び法律《ほうりつ》の定《さだ》めるその他《た》の吏員《りいん》は、その地方公《ちほうこう》共団体《きょうだんたい》の住民《じゅうみん》が、直接《ちょくせつ》これを選挙《せんきょ》する。

第《だい》九十四条《じょう》　地方公共団体《ちほうこうきょうだんたい》は、その財産《ざいさん》を管《かん》理《り》し、事務《じむ》を処理《しょり》し、及《およ》び行政《ぎょうせい》を執行《しっこう》する権《けん》能《のう》を有《ゆう》し、法律《ほうりつ》の範囲内《はんいない》で条例《じょうれい》を制定《せいてい》することができる。

第《だい》九十五条《じょう》　一の地方公共団体《ちほうこうきょうだんたい》のみに適用《てきよう》される特別法《とくべつほう》は、法律《ほうりつ》の定《さだ》めるところにより、その地方公共団体《ちほうこうきょうだんたい》の住民《じゅうみん》の投票《とうひょう》においてその過半数《かはんすう》の同意《どうい》を得《え》なければ、国会《こっかい》は、これを制定《せいてい》することができない。

第《だい》九章《しょう》　改正《かいせい》

第《だい》九十六条《じょう》　この憲法《けんぽう》の改正《かいせい》は、各議院《かくぎいん》の総議《そうぎ》員《いん》の三分《ぶん》の二以上《いじょう》の賛成《さんせい》で、国会《こっかい》が、これを発議《はつぎ》し、国民《こくみん》に提案《ていあん》してその承認《しょうにん》を経《へ》なければならない。この承認《しょうにん》には、特別《とくべつ》の国民投《こくみんとう》票《ひょう》又《また》は国会《こっかい》の定《さだ》める選挙《せんきょ》の際行《さいおこな》はれる投票《とうひょう》において、その過半数《かはんすう》の賛成《さんせい》を必要《ひつよう》とする。

②　憲法改正《けんぽうかいせい》について前項《ぜんこう》の承認《しょうにん》を経《へ》たときは、天皇《てんのう》は、国民《こくみん》の名《な》で、この憲法《けんぽう》と一体《いったい》を成《な》すものとして、直《ただ》ちにこれを公布《こうふ》する。

第《だい》十章《しょう》　最高法規《さいこうほうき》

第《だい》九十七条《じょう》　この憲法《けんぽう》が日本国民《にほんこくみん》に保障《ほしょう》する基《き》本的人権《ほんてきじんけん》は、人類《じんるい》の多年《たねん》にわたる自由獲得《じゆうかくとく》の努力《どりょく》の成果《せいか》であつて、これらの権利《けんり》は、過去《かこ》幾多《いくた》の試錬《しれん》に堪《た》へ、現在及《げんざいおよ》び将来《しょうらい》の国民《こくみん》に対《たい》し、侵《おか》すことのできない永久《えいきゅう》の権利《けんり》として信《しん》託《たく》されたものである。

第《だい》九十八条《じょう》　この憲法《けんぽう》は、国《くに》の最高法規《さいこうほうき》であつて、その条規《じょうき》に反《はん》する法律《ほうりつ》、命令《めいれい》、詔勅《しょうちょく》及《およ》び国務《こくむ》に関《かん》するその他《た》の行為《こうい》の全部《ぜんぶ》又《また》は一部《いちぶ》は、その効力《こうりょく》を有《ゆう》しない。

② 日本国《にほんこく》が締結《ていけつ》した条約《じょうやく》及《およ》び確立《かくりつ》された国際《こくさい》法規《ほうき》は、これを誠実《せいじつ》に遵守《じゅんしゅ》することを必要《ひつよう》とする。

第《だい》九十九条《じょう》　天皇《てんのう》又《また》は摂政《せっしょう》及《およ》び国務大臣《こくむだいじん》、国《こっ》会議員《かいぎいん》、裁判官《さいばんかん》その他《た》の公務員《こうむいん》は、この憲法《けんぽう》を尊重《そんちょう》し擁護《ようご》する義務《ぎむ》を負《お》ふ。

第《だい》十一章《しょう》　補則《ほそく》

第《だい》百条《じょう》　この憲法《けんぽう》は、公布《こうふ》の日《ひ》から起算《きさん》して六箇月《かげつ》を経過《けいか》した日《ひ》から、これを施行《しこう》する。

② この憲法《けんぽう》を施行《しこう》するために必要《ひつよう》な法律《ほうりつ》の制《せい》定《てい》、参議院議員《さんぎいんぎいん》の選挙《せんきょ》及《およ》び国会召集《こっかいしょうしゅう》の手続《てつづき》並《なら》びにこの憲法《けんぽう》を施行《しこう》するために必要《ひつよう》な準備《じゅんび》手続《てつづき》は、前項《ぜんこう》の期日《きじつ》よりも前《まえ》に、これを行《おこな》ふことができる。

第《だい》百一条《じょう》　この憲法施行《けんぽうしこう》の際《さい》、参議院《さんぎいん》がまだ成《せい》立《りつ》してゐないときは、その成立《せいりつ》するまでの間《あいだ》、衆議院《しゅうぎいん》は、国会《こっかい》としての権限《けんげん》を行《おこな》ふ。

第《だい》百二条《じょう》　この憲法《けんぽう》による第《だい》一期《き》の参議院議員《さんぎいんぎいん》のうち、その半数《はんすう》の者《もの》の任期《にんき》は、これを三年《ねん》とする。その議員《ぎいん》は、法律《ほうりつ》の定《さだ》めるところにより、これを定《さだ》める。

第《だい》百三条《じょう》　この憲法施行《けんぽうしこう》の際現《さいげん》に在職《ざいしょく》する国務《こくむ》大臣《だいじん》、衆議院議員《しゅうぎいんぎいん》及《およ》び裁判官並《さいばんかんなら》びにその他《た》の公務員《こうむいん》で、その地位《ちい》に相応《そうおう》する地位《ちい》がこの憲《けん》法《ほう》で認《みと》められてゐる者《もの》は、法律《ほうりつ》で特別《とくべつ》の定《さだめ》をした場合《ばあい》を除《のぞ》いては、この憲法施行《けんぽうしこう》のため、当然《とうぜん》にはその地位《ちい》を失《うしな》ふことはない。但《ただ》し、この憲法《けんぽう》によつて、後任者《こうにんしゃ》が選挙《せんきょ》又《また》は任命《にんめい》されたときは、当然《とうぜん》その地位《ちい》を失《うしな》ふ。

教育基本法（昭和二十二年三月三十一日法律第二十五号）

われらは、さきに、日本国憲法を確定し、民主的で文化的な国家を建設して、世界の平和と人類の福祉に貢献しようとする決意を示した。この理想の実現は、根本において教育の力にまつべきものである。

われらは、個人の尊厳を重んじ、真理と平和を希求する人間の育成を期するとともに、普遍的にしてしかも個性ゆたかな文化の創造をめざす教育を普及徹底しなければならない。

ここに、日本国憲法の精神に則り、教育の目的を明示して、新しい日本の教育の基本を確立するため、この法律を制定する。

第一条（**教育の目的**）　教育は、人格の完成をめざし、平和的な国家及び社会の形成者として、真理と正義を愛し、個人の価値をたっとび、勤労と責

教育基本法（平成十八年十二月二十二日法律第百二十号）

教育基本法（昭和二十二年法律第二十五号）の全部を改正する。

我々日本国民は、たゆまぬ努力によって築いてきた民主的で文化的な国家を更に発展させるとともに、世界の平和と人類の福祉の向上に貢献することを願うものである。

我々は、この理想を実現するため、個人の尊厳を重んじ、真理と正義を希求し、公共の精神を尊び、豊かな人間性と創造性を備えた人間の育成を期するとともに、伝統を継承し、新しい文化の創造を目指す教育を推進する。

ここに、我々は、日本国憲法の精神にのっとり、我が国の未来を切り拓《ひら》く教育の基本を確立し、その振興を図るため、この法律を制定する。

第一章　教育の目的及び理念

第一条（**教育の目的**）　教育は、人格の完成を目指し、平和で民主的な国家及び社会の形成者として必要な資質を備えた心身ともに健康な国民の育成を期して行われなければならない。

任を重んじ、自主的精神に充ちた心身ともに健康な国民の育成を期して行われなければならない。

第二条（**教育の方針**）　教育の目的は、あらゆる機会に、あらゆる場所において実現されなければならない。この目的を達成するためには、学問の自由を尊重し、実際生活に即し、自発的精神を養い、自他の敬愛と協力によって、文化の創造と発展に貢献するように努めなければならない。

第三条（**教育の機会均等**）　すべて国民は、ひとしく、その能力に応ずる教育を受ける機会を与えられなければならないものであって、人種、信条、

第二条（**教育の目標**）　教育は、その目的を実現するため、学問の自由を尊重しつつ、次に掲げる目標を達成するよう行われるものとする。

一　幅広い知識と教養を身に付け、真理を求める態度を養い、豊かな情操と道徳心を培うとともに、健やかな身体を養うこと。

二　個人の価値を尊重して、その能力を伸ばし、創造性を培い、自主及び自律の精神を養うとともに、職業及び生活との関連を重視し、勤労を重んずる態度を養うこと。

三　正義と責任、男女の平等、自他の敬愛と協力を重んずるとともに、公共の精神に基づき、主体的に社会の形成に参画し、その発展に寄与する態度を養うこと。

四　生命を尊び、自然を大切にし、環境の保全に寄与する態度を養うこと。

五　伝統と文化を尊重し、それらをはぐくんできた我が国と郷土を愛するとともに、他国を尊重し、国際社会の平和と発展に寄与する態度を養うこと。

第三条（**生涯学習の理念**）　国民一人一人が、自己の人格を磨き、豊かな人生を送ることができるよう、その生涯にわたって、あらゆる機会に、あらゆる場所において学習することができ、その成果を適切に生かすことのできる社会の実現が図られなければならない。

第四条（**教育の機会均等**）　すべて国民は、ひとしく、その能力に応じた教育を受ける機会を与えられなければならず、人種、信条、性別、社会的身分、経済的地位又は門地によって、教育上差別されない。

性別、社会的身分、経済的地位又は門地によって、教育上差別されない。

国及び地方公共団体は、能力があるにもかかわらず、経済的理由によって修学困難な者に対して、奨学の方法を講じなければならない。

第四条（**義務教育**）　国民は、その保護する子女に、九年の普通教育を受けさせる義務を負う。

国又は地方公共団体の設置する学校における義務教育については、授業料は、これを徴収しない。

第五条（**男女共学**）　男女は、互に敬重し、協力し合わなければならないものであって、教育上男女の共学は、認められなければならない。

第六条（**学校教育**）　法律に定める学校は、公の性質をもつものであって、国又は地方公共団体の外、法律に定める法人のみが、これを設置することができる。

法律に定める学校の教員は、全体の奉仕者で

2　国及び地方公共団体は、障害のある者が、その障害の状態に応じ、十分な教育を受けられるよう、教育上必要な支援を講じなければならない。

3　国及び地方公共団体は、能力があるにもかかわらず、経済的理由によって修学が困難な者に対して、奨学の措置を講じなければならない。

第二章　教育の実施に関する基本

第五条（**義務教育**）　国民は、その保護する子に、別に法律で定めるところにより、普通教育を受けさせる義務を負う。

2　義務教育として行われる普通教育は、各個人の有する能力を伸ばしつつ社会において自立的に生きる基礎を培い、また、国家及び社会の形成者として必要とされる基本的な資質を養うことを目的として行われるものとする。

3　国及び地方公共団体は、義務教育の機会を保障し、その水準を確保するため、適切な役割分担及び相互の協力の下、その実施に責任を負う。

4　国又は地方公共団体の設置する学校における義務教育については、授業料を徴収しない。

第六条（**学校教育**）　法律に定める学校は、公の性質を有するものであって、国、地方公共団体及び法律に定める法人のみが、これを設置することができる。

2　前項の学校においては、教育の目標が達成されるよう、教育を受ける者の心身の発達に応じて、体系的な教育が組織的に行われなければな

あって、自己の使命を自覚し、その職責の遂行に努めなければならない。このためには、教員の身分は、尊重され、その待遇の適正が、期せられなければならない。

らない。この場合において、教育を受ける者が、学校生活を営む上で必要な規律を重んずるとともに、自ら進んで学習に取り組む意欲を高めることを重視して行われなければならない。

第七条（大学）　大学は、学術の中心として、高い教養と専門的能力を培うとともに、深く真理を探究して新たな知見を創造し、これらの成果を広く社会に提供することにより、社会の発展に寄与するものとする。

2　大学については、自主性、自律性その他の大学における教育及び研究の特性が尊重されなければならない。

第八条（私立学校）　私立学校の有する公の性質及び学校教育において果たす重要な役割にかんがみ、国及び地方公共団体は、その自主性を尊重しつつ、助成その他の適当な方法によって私立学校教育の振興に努めなければならない。

第九条（教員）　法律に定める学校の教員は、自己の崇高な使命を深く自覚し、絶えず研究と修養に励み、その職責の遂行に努めなければならない。

2　前項の教員については、その使命と職責の重要性にかんがみ、その身分は尊重され、待遇の適正が期せられるとともに、養成と研修の充実が図られなければならない。

第一〇条（家庭教育）　父母その他の保護者は、子の教育について第一義的責任を有するものであって、生活のために必要な習慣を身に付けさせるとともに、自立心を育成し、心身の調和のとれた発達を図るよう努め

第七条（社会教育）　家庭教育及び勤労の場所その他社会において行われる教育は、国及び地方公共団体によって奨励されなければならない。

　国及び地方公共団体は、図書館、博物館、公民館等の設置、学校の施設の利用その他適当な方法によって教育の目的の実現に努めなければならない。

第八条（政治教育）　良識ある公民たるに必要な政治的教養は、教育上これを尊重しなければならない。

　法律に定める学校は、特定の政党を支持し、又はこれに反対するための政治教育その他政治的活

るものとする。

２　国及び地方公共団体は、家庭教育の自主性を尊重しつつ、保護者に対する学習の機会及び情報の提供その他の家庭教育を支援するために必要な施策を講ずるよう努めなければならない。

第一一条（幼児期の教育）　幼児期の教育は、生涯にわたる人格形成の基礎を培う重要なものであることにかんがみ、国及び地方公共団体は、幼児の健やかな成長に資する良好な環境の整備その他適当な方法によって、その振興に努めなければならない。

第一二条（社会教育）　個人の要望や社会の要請にこたえ、社会において行われる教育は、国及び地方公共団体によって奨励されなければならない。

２　国及び地方公共団体は、図書館、博物館、公民館その他の社会教育施設の設置、学校の施設の利用、学習の機会及び情報の提供その他の適当な方法によって社会教育の振興に努めなければならない。

第一三条（学校、家庭及び地域住民等の相互の連携協力）　学校、家庭及び地域住民その他の関係者は、教育におけるそれぞれの役割と責任を自覚するとともに、相互の連携及び協力に努めるものとする。

第一四条（政治教育）　良識ある公民として必要な政治的教養は、教育上尊重されなければならない。

２　法律に定める学校は、特定の政党を支持し、又はこれに反対するための政治教育その他政治的活動をしてはならない。

動をしてはならない。

第九条（宗教教育）　宗教に関する寛容の態度及び宗教の社会生活における地位は、教育上これを尊重しなければならない。

　国及び地方公共団体が設置する学校は、特定の宗教のための宗教教育その他宗教的活動をしてはならない。

第一〇条（教育行政）　教育は、不当な支配に服することなく、国民全体に対し直接に責任を負って行われるべきものである。

　教育行政は、この自覚のもとに、教育の目的を遂行するに必要な諸条件の整備確立を目標として行われなければならない。

第一五条（宗教教育）　宗教に関する寛容の態度、宗教に関する一般的な教養及び宗教の社会生活における地位は、教育上尊重されなければならない。

2　国及び地方公共団体が設置する学校は、特定の宗教のための宗教教育その他宗教的活動をしてはならない。

第三章　教育行政

第一六条（教育行政）　教育は、不当な支配に服することなく、この法律及び他の法律の定めるところにより行われるべきものであり、教育行政は、国と地方公共団体との適切な役割分担及び相互の協力の下、公正かつ適正に行われなければならない。

2　国は、全国的な教育の機会均等と教育水準の維持向上を図るため、教育に関する施策を総合的に策定し、実施しなければならない。

3　地方公共団体は、その地域における教育の振興を図るため、その実情に応じた教育に関する施策を策定し、実施しなければならない。

4　国及び地方公共団体は、教育が円滑かつ継続的に実施されるよう、必要な財政上の措置を講じなければならない。

第一七条（教育振興基本計画）　政府は、教育の振興に関する施策の総合的かつ計画的な推進を図るため、教育の振興に関する施策についての基本的な方針及び講ずべき施策その他必要な事項について、基本的な計画

第一一条（補則）　この法律に掲げる諸条項を実施するために必要がある場合には、適当な法令が制定されなければならない。

附　則

この法律は、公布の日から、これを施行する。

を定め、これを国会に報告するとともに、公表しなければならない。

２　地方公共団体は、前項の計画を参酌し、その地域の実情に応じ、当該地方公共団体における教育の振興のための施策に関する基本的な計画を定めるよう努めなければならない。

第四章　法令の制定

第一八条　この法律に規定する諸条項を実施するため、必要な法令が制定されなければならない。

附　則〔抄〕

（施行期日）　この法律は、公布の日から施行する。

大日本帝國憲法（明治憲法）

告　文

皇朕レ謹ミ畏ミ
皇祖
皇宗ノ神靈ニ誥ケ白サク皇朕レ天壤無窮ノ宏謨ニ循ヒ惟神ノ寶祚ヲ承繼シ舊圖ヲ保持シテ敢テ失墜スルコト無シ顧ミルニ世局ノ進運ニ膺リ人文ノ發達ニ隨ヒ宜ク
皇祖
皇宗ノ遺訓ヲ明徴ニシ典憲ヲ成立シ條章ヲ昭示シ內ハ以テ子孫ノ率由スル所ト爲シ外ハ以テ臣民翼贊ノ道ヲ廣メ永遠ニ遵行セシメ益〻國家ノ丕基ヲ鞏固ニシ八洲民生ノ慶福ヲ增進スヘシ茲ニ皇室典範及憲法ヲ制定ス惟フニ此レ皆
皇祖
皇宗ノ後裔ニ貽シタマヘル統治ノ洪範ヲ紹述スルニ外ナラス而シテ朕カ躬ニ逮テ時ト俱ニ擧行スルコトヲ得ルハ洵ニ
皇祖
皇宗及我カ
皇考ノ威靈ニ倚藉スルニ由ラサルハ無シ皇朕レ仰テ
皇祖
皇宗及
皇考ノ神祐ヲ禱リ併セテ朕カ現在及將來ニ臣民ニ率先シ此ノ憲章ヲ履行シテ愆ラサラムコトヲ誓フ庶幾クハ
神靈此レヲ鑒ミタマヘ

（憲法發布勅語　略）

御名御璽

明治二十二年二月十一日

内閣總理大臣　伯爵　黑田清隆
樞密院議長　伯爵　伊藤博文
外務大臣　伯爵　大隈重信
海軍大臣　伯爵　西鄉從道
農商務大臣　伯爵　井上　馨
司法大臣　伯爵　山田顯義
大藏大臣 兼內務大臣　伯爵　松方正義
陸軍大臣　伯爵　大山　巖
文部大臣　子爵　森　有禮
遞信大臣　子爵　榎本武揚

大日本帝國憲法

第一章　天皇

第一條　大日本帝國ハ萬世一系ノ天皇之ヲ統治ス

第二條　皇位ハ皇室典範ノ定ムル所ニ依リ皇男子孫之ヲ繼承ス

第三條　天皇ハ神聖ニシテ侵スヘカラス

第四條　天皇ハ國ノ元首ニシテ統治權ヲ總攬シ此ノ憲法ノ條規ニ依リ之ヲ行フ

第五條　天皇ハ帝國議會ノ協贊ヲ以テ立法權ヲ行フ

第六條　天皇ハ法律ヲ裁可シ其ノ公布及執行ヲ命ス

第七條　天皇ハ帝國議會ヲ召集シ其ノ開會閉會停會及衆議院ノ解散ヲ命ス

第八條　天皇ハ公共ノ安全ヲ保持シ又ハ其ノ災厄ヲ避クル爲緊急ノ必要ニ由リ帝國議會閉會ノ場合ニ於テ法律ニ代ルヘキ勅令ヲ發ス

②此ノ勅令ハ次ノ會期ニ於テ帝國議會ニ提出スヘシ若議會ニ於テ承諾セサルトキハ政府ハ將來ニ向テ其ノ效力ヲ失フコトヲ公布スヘシ

第九條　天皇ハ法律ヲ執行スル爲ニ又ハ公

共ノ安寧秩序ヲ保持シ及臣民ノ幸福ヲ增進スル爲ニ必要ナル命令ヲ發シ又ハ發セシム但シ命令ヲ以テ法律ヲ變更スルコトヲ得ス

第十條 天皇ハ行政各部ノ官制及文武官ノ俸給ヲ定メ及文武官ヲ任免ス但シ此ノ憲法又ハ他ノ法律ニ特例ヲ揭ケタルモノハ各〻其ノ條項ニ依ル

第十一條 天皇ハ陸海軍ヲ統帥ス

第十二條 天皇ハ陸海軍ノ編制及常備兵額ヲ定ム

第十三條 天皇ハ戰ヲ宣シ和ヲ講シ及諸般ノ條約ヲ締結ス

第十四條 天皇ハ戒嚴ヲ宣告ス

②戒嚴ノ要件及效力ハ法律ヲ以テ之ヲ定ム

第十五條 天皇ハ爵位勳章及其ノ他ノ榮典ヲ授與ス

第十六條 天皇ハ大赦特赦減刑及復權ヲ命ス

第十七條 攝政ヲ置クハ皇室典範ノ定ムル所ニ依ル

②攝政ハ天皇ノ名ニ於テ大權ヲ行フ

第二章 臣民權利義務

第十八條 日本臣民タルノ要件ハ法律ノ定ムル所ニ依ル

第十九條 日本臣民ハ法律命令ノ定ムル所ノ資格ニ應シ均ク文武官ニ任セラレ及其ノ他ノ公務ニ就クコトヲ得

第二十條 日本臣民ハ法律ノ定ムル所ニ從ヒ兵役ノ義務ヲ有ス

第二十一條 日本臣民ハ法律ノ定ムル所ニ從ヒ納稅ノ義務ヲ有ス

第二十二條 日本臣民ハ法律ノ範圍內ニ於テ居住及移轉ノ自由ヲ有ス

第二十三條 日本臣民ハ法律ニ依ルニ非スシテ逮捕監禁審問處罰ヲ受クルコトナシ

第二十四條 日本臣民ハ法律ニ定メタル裁判官ノ裁判ヲ受クルノ權ヲ奪ハルヽコトナシ

第二十五條 日本臣民ハ法律ニ定メタル場合ヲ除ク外其ノ許諾ナクシテ住所ニ侵入セラレ及搜索セラルヽコトナシ

第二十六條 日本臣民ハ法律ニ定メタル場合ヲ除ク外信書ノ祕密ヲ侵サルヽコトナシ

第二十七條 日本臣民ハ其ノ所有權ヲ侵サルヽコトナシ

②公益ノ爲必要ナル處分ハ法律ノ定ムル所ニ依ル

第二十八條 日本臣民ハ安寧秩序ヲ妨ケス及臣民タルノ義務ニ背カサル限ニ於テ信教ノ自由ヲ有ス

第二十九條 日本臣民ハ法律ノ範圍內ニ於テ言論著作印行集會及結社ノ自由ヲ有ス

第三十條 日本臣民ハ相當ノ敬禮ヲ守リ別ニ定ムル所ノ規程ニ從ヒ請願ヲ爲スコトヲ得

第三十一條 本章ニ揭ケタル條規ハ戰時又ハ國家事變ノ場合ニ於テ天皇大權ノ施行ヲ妨クルコトナシ

第三十二條 本章ニ揭ケタル條規ハ陸海軍ノ法令又ハ紀律ニ牴觸セサルモノニ限リ軍人ニ準行ス

第三章 帝國議會

第三十三條 帝國議會ハ貴族院衆議院ノ兩院ヲ以テ成立ス

第三十四條 貴族院ハ貴族院令ノ定ムル所ニ依リ皇族華族及勅任セラレタル議員ヲ以テ組織ス

第三十五條 衆議院ハ選擧法ノ定ムル所ニ依リ公選セラレタル議員ヲ以テ組織ス

第三十六條 何人モ同時ニ兩議院ノ議員タルコトヲ得ス

第三十七條 凡テ法律ハ帝國議會ノ協贊ヲ經ルヲ要ス

第三十八條 兩議院ハ政府ノ提出スル法律

案ヲ議決シ及各〻法律案ヲ提出スルコトヲ得

第三十九條　兩議院ノ一ニ於テ否決シタル法律案ハ同會期中ニ於テ再ヒ提出スルコトヲ得ス

第四十條　兩議院ハ法律又ハ其ノ他ノ事件ニ付各〻其ノ意見ヲ政府ニ建議スルコトヲ得但シ其ノ採納ヲ得サルモノハ同會期中ニ於テ再ヒ建議スルコトヲ得ス

第四十一條　帝國議會ハ毎年之ヲ召集ス

第四十二條　帝國議會ハ三箇月ヲ以テ會期トス必要アル場合ニ於テハ勅命ヲ以テ之ヲ延長スルコトアルヘシ

第四十三條　臨時緊急ノ必要アル場合ニ於テ常會ノ外臨時會ヲ召集スヘシ

②臨時會ノ會期ヲ定ムルハ勅命ニ依ル

第四十四條　帝國議會ノ開會閉會會期ノ延長及停會ハ兩院同時ニ之ヲ行フヘシ

②衆議院解散ヲ命セラレタルトキハ貴族院ハ同時ニ停會セラルヘシ

第四十五條　衆議院解散ヲ命セラレタルトキハ勅命ヲ以テ新ニ議員ヲ選擧セシメ解散ノ日ヨリ五箇月以内ニ之ヲ召集スヘシ

第四十六條　兩議院ハ各〻其ノ總議員三分ノ一以上出席スルニ非サレハ議事ヲ開キ議決ヲ為スコトヲ得ス

第四十七條　兩議院ノ議事ハ過半數ヲ以テ決ス可否同數ナルトキハ議長ノ決スル所ニ依ル

第四十八條　兩議院ノ會議ハ公開ス但シ政府ノ要求又ハ其ノ院ノ決議ニ依リ秘密會ト為スコトヲ得

第四十九條　兩議院ハ各〻天皇ニ上奏スルコトヲ得

第五十條　兩議院ハ臣民ヨリ呈出スル請願書ヲ受クルコトヲ得

第五十一條　兩議院ハ此ノ憲法及議院法ニ掲クルモノ丶外内部ノ整理ニ必要ナル諸規則ヲ定ムルコトヲ得

第五十二條　兩議院ノ議員ハ議院ニ於テ發言シタル意見及表決ニ付院外ニ於テ責ヲ負フコトナシ但シ議員自ラ其ノ言論ヲ演説刊行筆記又ハ其ノ他ノ方法ヲ以テ公布シタルトキハ一般ノ法律ニ依リ處分セラルヘシ

第五十三條　兩議院ノ議員ハ現行犯罪又ハ内亂外患ニ關ル罪ヲ除ク外會期中其ノ院ノ許諾ナクシテ逮捕セラル丶コトナシ

第五十四條　國務大臣及政府委員ハ何時タリトモ各議院ニ出席シ及發言スルコトヲ得

第四章　國務大臣及樞密顧問

第五十五條　國務各大臣ハ天皇ヲ輔弼シ其ノ責ニ任ス

②凡テ法律勅令其ノ他國務ニ關ル詔勅ハ國務大臣ノ副署ヲ要ス

第五十六條　樞密顧問ハ樞密院官制ノ定ムル所ニ依リ天皇ノ諮詢ニ應ヘ重要ノ國務ヲ審議ス

第五章　司法

第五十七條　司法權ハ天皇ノ名ニ於テ法律ニ依リ裁判所之ヲ行フ

②裁判所ノ構成ハ法律ヲ以テ之ヲ定ム

第五十八條　裁判官ハ法律ニ定メタル資格ヲ具フル者ヲ以テ之ニ任ス

②裁判官ハ刑法ノ宣告又ハ懲戒ノ處分ニ由ルノ外其ノ職ヲ免セラル丶コトナシ

③懲戒ノ條規ハ法律ヲ以テ之ヲ定ム

第五十九條　裁判ノ對審判決ハ之ヲ公開ス但シ安寧秩序又ハ風俗ヲ害スルノ虞アルトキハ法律ニ依リ又ハ裁判所ノ決議ヲ以テ對審ノ公開ヲ停ムルコトヲ得

第六十條　特別裁判所ノ管轄ニ屬スヘキモノハ別ニ法律ヲ以テ之ヲ定ム

第六十一條　行政官廳ノ違法處分ニ由リ權

利ヲ傷害セラレタリトスルノ訴訟ニシテ別ニ法律ヲ以テ定メタル行政裁判所ノ裁判ニ屬スヘキモノハ司法裁判所ニ於テ受理スルノ限ニ在ラス

第六章　會計

第六十二條　新ニ租税ヲ課シ及税率ヲ變更スルハ法律ヲ以テ之ヲ定ムヘシ

②但シ報償ニ屬スル行政上ノ手數料及其ノ他ノ收納金ハ前項ノ限ニ在ラス

③國債ヲ起シ及豫算ニ定メタルモノヲ除ク外國庫ノ負擔トナルヘキ契約ヲ爲スハ帝國議會ノ協贊ヲ經ヘシ

第六十三條　現行ノ租税ハ更ニ法律ヲ以テ之ヲ改メサル限ハ舊ニ依リ之ヲ徴收ス

第六十四條　國家ノ歳出歳入ハ毎年豫算ヲ以テ帝國議會ノ協贊ヲ經ヘシ

②豫算ノ款項ニ超過シ又ハ豫算ノ外ニ生シタル支出アルトキハ後日帝國議會ノ承諾ヲ求ムルヲ要ス

第六十五條　豫算ハ前ニ衆議院ニ提出スヘシ

第六十六條　皇室經費ハ現在ノ定額ニ依リ毎年國庫ヨリ之ヲ支出シ將來増額ヲ要スル場合ヲ除ク外帝國議會ノ協贊ヲ要セス

第六十七條　憲法上ノ大權ニ基ツケル既定ノ歳出及法律ノ結果ニ由リ又ハ法律上政府ノ義務ニ屬スル歳出ハ政府ノ同意ナクシテ帝國議會之ヲ廢除シ又ハ削減スルコトヲ得ス

第六十八條　特別ノ須要ニ因リ政府ハ豫メ年限ヲ定メ繼續費トシテ帝國議會ノ協贊ヲ求ムルコトヲ得

第六十九條　避クヘカラサル豫算ノ不足ヲ補フ爲ニ又ハ豫算ノ外ニ生シタル必要ノ費用ニ充ツル爲ニ豫備費ヲ設クヘシ

第七十條　公共ノ安全ヲ保持スル爲緊急ノ需用アル場合ニ於テ内外ノ情形ニ因リ政府ハ帝國議會ヲ召集スルコト能ハサルトキハ勅令ニ依リ財政上必要ノ處分ヲ爲スコトヲ得

②前項ノ場合ニ於テハ次ノ會期ニ於テ帝國議會ニ提出シ其ノ承諾ヲ求ムルヲ要ス

第七十一條　帝國議會ニ於テ豫算ヲ議定セス又ハ豫算成立ニ至ラサルトキハ政府ハ前年度ノ豫算ヲ施行スヘシ

第七十二條　國家ノ歳出歳入ノ決算ハ會計檢査院之ヲ檢査確定シ政府ハ其ノ檢査報告ト倶ニ之ヲ帝國議會ニ提出スヘシ

②會計檢査院ノ組織及職權ハ法律ヲ以テ之ヲ定ム

第七章　補則

第七十三條　將來此ノ憲法ノ條項ヲ改正スルノ必要アルトキハ勅命ヲ以テ議案ヲ帝國議會ノ議ニ付スヘシ

②此ノ場合ニ於テ兩議院ハ各ゝ其ノ總員三分ノ二以上出席スルニ非サレハ議事ヲ開クコトヲ得ス出席議員三分ノ二以上ノ多數ヲ得ルニ非サレハ改正ノ議決ヲ爲スコトヲ得ス

第七十四條　皇室典範ノ改正ハ帝國議會ノ議ヲ經ルヲ要セス

②皇室典範ヲ以テ此ノ憲法ノ條規ヲ變更スルコトヲ得ス

第七十五條　憲法及皇室典範ハ攝政ヲ置クノ間之ヲ變更スルコトヲ得ス

第七十六條　法律規則命令又ハ何等ノ名稱ヲ用ヰタルニ拘ラス此ノ憲法ニ矛盾セサル現行ノ法令ハ總テ遵由ノ效力ヲ有ス

②歳出上政府ノ義務ニ係ル現在ノ契約又ハ命令ハ總テ第六十七條ノ例ニ依ル

あとがき——改訂新版にあたって

本書は、今からちょうど三十年前、一九八三（昭和五十八）年四月二十五日に初版発行されたものですが、憲法論議が急浮上している現在の状況下、その内容がまったく新鮮であり、日本国憲法の基本をわかりやすく伝えていることにかんがみ、今回世に問うことにしました。

改訂新版にあたっては、二〇〇八（平成二十）年に没せられた漫画家・赤塚不二夫氏の知られざる一面を石子順氏に新たに書いていただきました。また、この間、憲法に謳う教育の自由と不可分な教育基本法の改正が二〇〇六（平成十八）年にあり、子どもの権利に関して子どもの権利条約発効に伴う新しい展開がありますので、「憲法をよむまえに」の文中で〈注〉として簡単に付記する労を永井憲一氏にお願いいいたしました。

さらに資料編の教育基本法については、改正前・後の内容を対比して掲載することにしました。

最後になりましたが、改訂新版に際し、旧版の中身をご検討、快諾してくださったフジオプロダクションに感謝申し上げます。

二〇一三年五月

編集部

赤塚不二夫

1935年、満州の熱河省承徳で生まれる。工員生活をしながら、マンガを雑誌に投稿、1956年に漫画家として独立。豊島区椎名町のトキワ荘グループ（藤子不二雄、石森章太郎）と交流し、1965年「おそ松くん」（少年サンデー）で第10回小学館漫画賞受賞。1972年「天才バカボン」（少年マガジン）で第18回文藝春秋漫画賞受賞。2008年8月2日、肺炎のため逝去、享年72歳。

永井憲一

1931年、群馬県に出生。1953年、早稲田大学法学部卒業。現在、法政大学法学部名誉教授。法学博士。主著に『日本国憲法の動態』（早大出版）、『国民の教育権』（法律文化社）、『教科書問題を考える』（総合労働研究所）、『憲法講義』（敬文堂）など多数。

改訂新版「日本国憲法」なのだ！

2013年5月24日　改訂新版第1刷発行©
2013年7月25日　　　　　　第3刷発行

著　　者　赤塚不二夫
　　　　　永井憲一

発 行 者　岩堀瑞子

発 行 所　株式会社　草土文化
〒162-0041　東京都新宿区早稲田鶴巻町560-8
電話03(3204)4811　FAX03(3204)4818

印 刷 所　株式会社　光陽メディア

ISBN978-4-7945-1064-8